KB128004

나는 **왜**
일을 하는가?

다들, 행복한가요 …?

인문학으로 통찰해 본 직장생활

나는 왜 일을 하는가?

서기원 지음

바른북스

다들, 행복한가요?

기업에서 초청을 받아 인문학 강연을 할 때 직장인들에게 나는 항상 같은 질문으로 강연을 시작한다.

"우리는 왜 사는 걸까요?"

훅 들어온 질문에 다들 당혹해 하는 표정들이다. 사실 매일은 아니더라도 가끔은 한 번씩 생각해 보고 답을 구해봐야 하는 문제 아니던가? 내 생각과는 달리 다들 이 문제에 대해 별로 생각들을 안 하고 사는 모양이다. 잠시 어색한 침묵이 흐른 후 한두 명씩 대답을 하는데 아주 놀라운 대답을 한다.

"그냥 태어났으니까요…"

나는 처음 이 대답을 듣고 문화충격을 느꼈다. 심지어 이 답변은 가장 많이 나오는 대답이다.

중년 여성, 남성분들 강의에 가서 똑같은 질문을 던지면 가장 많이 나오는 대답이 바로

"죽지 못해서…ㅜ."

나 참. 다들 좋은 학교를 졸업하고 교육을 잘 받은 성인들인데 "우리는 왜 사는지?" 그 이유까지 하나하나 일일이 알려줘야 하나? 우리가 왜 사는지의 질문에 대한 대답은 그렇게 복잡하거나 철학적이지 않다. 아주 단순하다.

"행복하려고."

간단하게 증명해 보일 수 있다.

우리는 모두 돈을 벌려고 노력한다. 먹고살아야 하니까. 그런데 잘 생각해 보면 직장생활을 통해 받는 월급만으로도 먹고사는 데는 전혀 지장이 없다. 좀 극단적으로 이야기해서 월급만으로 사는

게 좀 힘들 수는 있어도 길거리에서 굶어 죽지는 않는다는 거다. 월급만으로 먹고사는 데 지장이 없지만 우리는 월급 외에 추가적으로 돈을 벌려고 한다.

재테크를 하고 투 잡을 하고 알바를 한다. 계속 돈을 더 벌려고 하는 것이다. 이건 직장인들만 그런 것은 아니다. 재벌 회장님들. 아마 하루에 1억씩 써도 죽을 때까지 자기 재산을 다 못 쓸 정도로 돈이 많다. 근데 놀랍게도 이분들이 평범한 직장인보다 더 일을 열심히 한다. 이유가 뭘까? 왜 다들 그렇게 돈 벌려고 노력하는 걸까?

왜냐하면 답은 아주 간단하다.

"돈을 벌면 행복하니까."

그래서 우리가 자꾸 돈을 벌려고 하는 거다. 예를 들어 이 글을 읽고 있는 당신에게 지금 은행 계좌에 100억이 입금되었다고 가정해 보자. 내가 사용할 수 있는 정당한 돈이다.

기분이 어떨까? 너무 행복하지 않을까? 장담컨대 지금까지 경험하지 못한 벅찬 행복감을 느낄 것이다. 그런 거다. 돈을 벌면 이렇게 행복하다. 그러니까 우리가 끊임없이 돈을 벌려고 하는 거다.

좋은 사람과 맛있는 음식 같이 먹으며 여행도 다니고 편안하고 즐겁게 살고 싶지 않은가?

동의한다면 당신은 왜 이렇게 살고 싶어 하는가? 이렇게 살면 "행복하니까!"

그렇다. 우리는 행복하려고 사는 거다. 나는 인문학적으로 삶을 이렇게 정의한다.

"우리 삶은 행복의 총량을 늘리기 위한 끊임없는 투쟁이다."

그 투쟁의 과정에서 우리는 다양한 감정을 느낀다. 그것이 바로 희. 노. 애. 락.

여기까지 왔으면 그다음 질문으로 넘어간다.

"그럼, 다들 행복한가요?"

다들 꿀 먹은 벙어리들이다. 별로 행복하지 않은 느낌이다. "스트레스" "퇴사" "집에 가고 싶다." "사는 게 뭔지." 기업 강의를 나가서 직장인들에게 제일 많이 듣는 소리다.

강의를 하러 갔는데 심리 상담을 해줘야 할 판이다. 그만큼 한국 직장인들은 직장생활을 힘들어하고 스트레스를 많이 받고 있고 고민도 많은 것이다. 그렇다고 회사를 쉽사리 그만둘 수도 없다. 퇴사를 꿈꾸지만 쉽게 퇴사하지 못하는 자신의 용기 없음을 탓하며 자학할 필요는 없다.

회사가 전쟁터라면 밖은 지옥 아니던가? 스트레스 피하려다 지옥에서 살 수는 없는 노릇이다. 그렇다면 말이다 이왕 회사 다니는 거 스트레스 좀 덜 받으며 다닐 수 있는 방법은 없을까?

알고 싶나? 방법이 하나 있긴 하다. 이 책을 지금 사는 거다.

목차

프롤로그
다들, 행복한가요?

Part 2 나는 왜 일을 하는가?

Part 4 내 마음이 도대체 왜 이럴까?

Part 1

직장생활,

다들 행복한가요?

지금 내가 잘 살고 있는 건가?

라는 생각이 들 때

직장생활이 행복하지 않아
고민하는 당신에게

회사에 처음 입사하게 되면 대부분의 직장 새내기들은 새로운 환경에 적응하기도 바쁘고 새로 시작하는 회사생활에 마음도 설레고 정신이 없다. 하나라도 더 배우고 싶어 일에 대한 의욕도 넘치고 열정도 불타오르는 시기이다. 하지만 한두 해 지나면서 업무에 대한 경험이 늘고 자신을 돌아볼 여유가 생길 때쯤, 뒤늦게 진지하게 자기 진로에 대해 고민하게 된다. 행복하지 않은 자신의 모습을 발견했기 때문이다.

지금 내가 잘 살고 있는 건가?

이 일이 나랑 맞나?

나는 어떤 일을 하면서 어떻게 살아야 행복해질 수 있을까?

앞으로 어떻게 살아야 하나?

한마디로 정체성 혼란을 겪는 것이다. 많은 직장인들이 정체성 혼란을 겪으면서 적잖이 당황한다. 이미 자신은 취업해서 사회인이 되었는데 사춘기 학생처럼 흔들리고 방황하는 모습에 적잖이 놀라고 불안해지는 것이다.

"

현대 직장인들이 정체성 혼란을 겪는 것은
사실 아주 당연한 일이다.

하지만 현대 직장인들이 정체성 혼란을 겪는 것은 사실 아주 당연한 일이다. 왜냐하면 사춘기 시절 자신의 정체성에 대한 고민을 충분히 하지 않았기 때문이다.

우리 사회 시스템은 모범생을 기르고, 모범생이 안정적인 사회 · 경제적 성취를 얻도록 아주 정교하게 잘 짜여 있다. 그렇기 때문에 지금의 20~40대 직장인들은 사춘기 시절에 나를 갑갑하게 하는 부모님에게 가끔씩 소심하게 반항했을 뿐 사실 별로 고민다운 고민을 하지 않았다. 그저 사회가 정해놓은 대로 부모님이 시키는 대로 따라가면 되는 거였고 좋은 성적을 올려서 명문대에 진학하는 것이 사춘기 시절의 목표였다.

그렇게 명문대 입학이라는, 정확히 본질을 이야기하면 머리 좋고 성실하고 모범적이라는 사회적 인증을 받는 데 성공하면 내 인생은 탄탄대로일 것이라는 막연한 기대를 하며 사춘기 시절을 공부만 하면서 보냈다.

당연히 우리의 사춘기 시절 가장 중요한 것은 "성적"이었고 가장 큰 고민도 "성적"이었다. 부모님과 사회가 그 길이 정답이라고 정해놓았기 때문에 단 한 번도 의심해 보지 않고 고민조차 하지 않고 오직 "학업성적 향상"만을 위해 달리고 또 달렸다.

사춘기 시절 자신의 삶에 대한 질문들…
"나는 무엇을 하고 싶고" "무엇을 할 때 가장 행복하고" "무엇을 하면서 어떤 인생을 살고 싶다.” 이런 고민 따위는 중요하지 않았다. 공부를 방해하는 한낱 잡념일 뿐이었다. 그저 어른들이나 사회가 정해놓은 기준에 따라 진로를 선택했을 뿐 자신이 정말 원하는 진로나 삶의 방향 같은 문제를 놓고 진지하게 고민해 볼 기회가 부족했단 말이다.

대학에 들어가서도 사정은 달라지지 않는다. “남들 보기에 그럴듯한 좋은 직장에 취업”이라는 사회가, 부모님이 정해놓은 모범답안이 있었고 그 모범답안에 따라 목표를 이루기 위해 충실히 사는 것을 열정적인 삶이라 믿으며 그렇게 살았다. 고등학생 때에는 수능이라는 목표를 향해 달렸고 대학에 입학하고 나서는 다시 취업이라는 목표를 향해 당신은 그렇게 달렸던 것이다.

근데 취업을 한 후에는 어떻게 되는가? 지금까지는 남들이 정해준 대로 잘 따라가기만 하면 되는 인생이었는데… 취업을 이후의 인생은 어느 누구도 이야기해 주지 않는다.

정리하자면 취업 동화가 끝이 난 것이다. “옛날 옛날에 두 사람은 역경을 이겨내고 결혼해서 행복하게 살았더래요.” 이런 동화처럼… “그 사람은 취업해서 행복하게 살았더래요~ 끝.” 이런 결말인 거다.

내 정체성이 확실하지 않은 가운데, 목표는 없어지고 회사에서의 일상은 다람쥐 쳇바퀴 돌듯이 반복되다 보니 당연히 "지금 내가 잘 살고 있는 건가?" "이렇게 사는 게 맞는 건가?" 이런 생각이 들 수밖에…

❝

이머징 어덜트 후드란 청소년기를 완전히 벗어났지만
정신적으로는 완전한 성인은 되지 못한 시기를 말한다.

현대를 사는 많은 직장인들이 이와 비슷한 경험을 하고 있는데 이러한 현상에 대해 미국 메릴랜드대학교의 심리학자 제프리 옌슨 아네트는 '이머징 어덜트 후드'라는 새로운 생애 발달 단계 개념으로 정의한다.

이머징 어덜트 후드란 청소년기를 완전히 벗어났지만 정신적으로는 완전한 성인은 되지 못한 시기를 말한다. 사춘기 시절 정체성 혼란을 충분히 겪지 않고 성인이 된 사람들은 성인이 돼서도 사춘기 시절과 같은 극심한 정체감 혼란을 겪는다는 것이다.

한마디로 두 번째 사춘기 정도라고 정리하면 되겠다. 그렇다. 당신은 두 번째 사춘기를 겪고 있는 것이다. 만약 당신이 두 번째 사춘기를 겪고 있다면 이거 하나 알아둬라. 두 번째 사춘기는 당신에게만 찾아온 게 아니고 현대인이라면 누구나 찾아온다는 거다.

그리고 인간 심리 발달은 청소년에서 완성되는 것이 아니라 평생 지속되기에, 두 번째 사춘기뿐만이 아니라 세 번째, 네 번째 사춘기도 내 인생에 찾아올 수 있다는 것을…

직장 생활하면서 겪게 되는 정체성 혼란은
어떻게 대처해야 할까?

그렇다면 직장 생활하면서 겪게 되는 정체성 혼란, 두 번째 세 번째 사춘기가 오게 되면 어떻게 대처해야 할까?

첫 번째로는 내가 정체성 혼란을 겪고 있다는 사실을 인식하고 내가 겪는 이런 혼란스러운 시기가 좀 더 건강하고 진정한 성인기로 전환하는 발달 과정이라고 긍정적으로 받아들이는 것이다. 그리고 사춘기 시절 정체성 혼란을 적게 겪었기 때문에 성인기 정체감 혼란이 온 것으로 어쩌면 당연한 것이라고 생각하고 오히려 어느 정도 길을 잃고 방황하는 용기도 필요하다.

현대인들은 효율성의 노예라 길을 잃고 방황하는 것은 쓸데없는 시간 낭비라고 질색하지만 당신이 방황하면서 얻을 수 있는 것은 생각보다 많다. 당신이 방황하면서 보낸 시간에는 그동안 당신이 경험해 보지 못했던 새로운 경험도 하게 될 것이고 그럼으로써 새로운 사고도 할 수 있게 될 것이다. 이런 새로운 경험과 생각들은 당신이 앞으로 살아가는 데 중요한 삶의 방향감각이 될 것이다.

두 번째로는 자아 정체감 확립을 시작해 보는 것이다. 그리고 그 시작은 자기 이해이다.

대부분의 우리는 어린 시절 부모의 눈치를 보는 것부터 시작해 남의 시선을 의식하며 남에게 인정받기 위해 애쓰며 살아왔다. 그러다 보니 이 세상의 중심은 남에게 맞춰져 있고 "나"라는 존재를 잊고 살았다. 너무 열심히 바쁘게 살다 보니 "나"를 들여다볼 생각도 하지 못하고, 잠시 나의 내면을 들여다보다가도 두려움에 그냥 다시 뚜껑을 덮어버리고 "나"에 대해 모른 체하며 살고 있다. "나"로 살고 있지만 정작 "나"에 대해서 잘 모르거나 모른 체하며 살고 있는 것이다.

자아 정체감 확립을 위해서는 무엇보다 "나"에 대한 이해, 그러니까 자기 이해가 중요하다. 자신이 가치 있게 여기는 것, 흥미롭게 생각하는 것뿐 아니라 자신의 능력이나 취약점 등 자신에 대해 깊이 알수록 삶에서 부딪히는 변화나 갈등, 고민에 대해 더욱 잘 대처할 수 있고 극복하기 쉬워진다.

자아 정체감이 분명한 사람은 내가 어떤 것을 중요하게 여기고, 어떤 사람이 되고 싶은지, 앞으로 어떤 일을 하고 더 나아가 어떻게 살아가야 할지에 대해 자기 나름의 기준을 가지고 있다. 반대로 자아 정체감이 불분명하다면 삶의 방향을 잡을 때 다른 사람들의 의견에 좌지우지되거나 시대의 풍조에 쉽게 휩싸이고 방황하기 쉬워진다.

자아 정체감이 분명한 사람도 방황과 혼란의 시기를 맞이할 수 있지만 그 기간이 그리 길지 않다. 분명한 기준을 가지고 있으니 내적 갈등이나 외적인 변화에 맞닿아도 비교적 안정되고 일관된 방식대로 문제를 풀어나가기 때문이다. 또한 어떤 목표에 도달하려고 하는 이유에 대해서도 답을 수월하게 찾기 때문에 흔들림이 적을 수밖에 없다. 이유가 있다면 성취동기가 높아지고, 그런 것이 삶의 의미가 되기도 해서 그렇지 않은 사람들보다 행복감을 느끼기도 쉽다.

세 번째로는 삶의 여유를 가져보는 것이다.

두 번째 세 번째 사춘기는 주로 목표 달성을 위해 우선순위에서 밀려 있었던 본능이 모범적인 삶과 갈등을 일으키며 결핍과 허무감을 느낄 때 찾아온다. 그동안 너무 모범적으로만 살아온 당신에게 '이제 조금 여유를 가져도 된다.'라는 마음의 신호인 거다.

이럴 때는 삶의 여유를 좀 갖자. 청소년기의 사춘기를 거치고 난 후 당신이 좀 더 성숙해졌듯이 두 번째 사춘기를 잘 보내고 나면 당신의 마음은 좀 더 성숙해지고 삶을 대하는 태도는 한결 여유로워질 것이다. 학창 시절부터 지금까지 목표 달성을 위해 정신없이 달려온 당신, 그동안 너무 고생했다. 이제 잠시 쉬었다가 달려도 괜찮다.

슬럼프에 빠진

당신에게

나는 남들과 좀 다르게 살 줄 알았는데
어쩔 수 없는 건가?

신입사원으로 회사에 처음 입사하면 일도 배워야 하고 회사 분위기에 적응하기도 바쁘기 때문에 아무 생각 없이 어리바리 그냥 지나가기 마련이다. 통장에 월급이 들어오면 신기하고 비로소 정식으로 사회의 구성원이 된 것 같고 진짜 성인이 된 듯하여 스스로 대견해하기도 한다.

하지만 어느 정도 시간이 지나 입사 2~5년 차가 되면 업무와 조직 분위기에는 충분히 익숙해진다.

월급이 들어오는 것도 더 이상 신기하지 않고 당연한 일로 여겨진다. 그러면서 조금씩 고민이 생기기 시작한다. 이 시기의 고민 중 하나는 점차 열정이 사라지고 일상에서 즐거움을 느끼지 못하며 지루해진다는 것이다. 이른바 '슬럼프'라고도 하는데 직장생활과 본인의 미래에 대한 생각과 고민이 많아지는 시기이다.

"처음에는 제가 하는 일에 열정도 흥미도 있었습니다. 학교를 떠나서 사회인이 되었다는 것도 뿌듯했고, 업무를 배워나가는 것도 재미있었습니다. 그런데 이제 타성에 젖었다고 할까요? 하루하루가 재미없습니다. 직장생활을 재미로 하냐고 하면 할 말은 없습니다만, 이렇게 내 인생이 흘러가는 건가? 이렇게 사는 게 맞는 건가 하는 의문이 듭니다.

매일 새벽같이 일어나 출근해 정신없이 주어진 업무를 하다 보면 하루가 다 지나가고, 지친 몸으로 들어오면 밤 10시가 넘습니다. 취업 고시를 뚫고 어렵게 들어온 회사지만 반복되는 일과에 답답함을 느낍니다. 그저 아무것도 하지 않고 잠만 실컷 자고 싶습니다. 이렇게 쫓기듯이 살려고 그동안 그렇게 열심히 공부하고 입사 준비를 했나 싶어서 허무합니다.

입사하기 전에는 꿈도 있고 열정과 패기가 넘쳤는데 막상 회사에 들어와서 월급쟁이 생활을 몇 년 해보니 이상과 현실은 다르다는 걸 알았습니다. 정말 돈 벌기가 쉽지 않다는 것을 피부로 느낍니다. 게다가 월급쟁이 생활을 해보니 일만 잘한다고 다 되는 것도 아니더군요. 사내 정치도 잘해야 하는데 배려심 없고 말 많은 회사 사람들과의 관계도 너무 피곤합니다.

일도 힘들고 사람들도 피곤합니다. 이사님한테 깨져서 기죽어 있는 과장님을 보면 안쓰럽기도 하고 미래의 내 모습을 보는 것 같아 심히 걱정이 됩니다. 이렇게 살아도 괜찮을까요? 저는 앞으로 어떻게 살아야 할까요?"

직장인들과 이야기하다 보면 다들 똑같이 이야기하는 내용이다. 어느 정도 직장생활을 몇 년 하다 보면 신입사원 시절의 어리바리함은 사라지고, 업무에 대한 자신감도 생긴다. 직장에 적응하느라 분주했던 신입사원 시절을 벗어나 이제 미래에 대해서 고민하고 열심히 자신을 발전시켜 나갈 때이다. 그런데 어느 순간 이런 슬럼프에 빠지는 이유가 뭘까?

"

직장생활은 장거리 경기다.
단기간에 자신이 가진 에너지를 모두 쏟아내고 끝나는
단거리 경기가 아니다.

첫 번째 이유로는 내 안의 배터리가 소진되었기 때문이다.

학생에서 직장인의 가장 차이는 위치의 변화이다. 학생 때는 돈을 내고 다녔고 직장은 돈을 받으면서 다닌다. 한마디로 소비자에서 피고용인으로 위치가 바뀐 것이다. 그렇기 때문에 학생과 직장인의 입장은 전혀 다르다. 학생 때는 자발적인 의지로 자신의 계획과 목표에 따라 하는 것이지만 직장인의 업무는 전혀 다르다.

지시에 따라 회사가 요구하는 목표와 계획에 맞추어 달려나가야한다. 쉬고 싶어도 업무와 상사 눈치 때문에 못 쉴 때가 많고 하기싫은 업무라고 해도 이를 피하기는 어렵다. 이렇게 변화된 환경규칙에 적응하고 맞추어가면서 몇 년을 시달리면 몸도 마음도 지치기 마련이다.

성취 욕구가 강하고 열정이 높은 사람일수록 자신이 가진 에너지를 일에 쏟아부어서 몰입하게 되고, 여기에 적절한 휴식이 수반되지 못했다면 그만큼 더 지치고 탈진하기 쉽다. 슬럼프에 빠져 느끼는 무기력함, 짜증, 침체감 등은 에너지의 탈진에서 비롯되는 경우가 대부분이다. 아무것도 하지 않고 그저 잠만 자고 싶다거나, 쉬고 싶은 마음밖에 들지 않는다는 것은 몸과 마음이 가장 절실하게 원하는 것이 휴식이라는 것을 반영한다.

자신이 열심히 일해온 만큼 얼마나 열심히 에너지를 재충전했는지 돌이켜 보자. 직장생활은 장거리 경기다. 단기간에 자신이 가진 에너지를 모두 쏟아내고 끝내는 단거리 경기가 아니다. 에너지를 안배하고, 저하된 에너지는 충전하고 점검하면서 경기를 지속해 나가야 한다.

에너지가 충전되면 무엇인지 모를 허무함, 일상에 대한 답답함, 미래에 대한 부정적인 생각은 감소하고 긍정적인 측면을 좀 더 많이 발견할 수 있을 것이다. 만약 만사가 귀찮고 쉬고 싶다면 충전이 필요한 시기임을 알리는 징조다. 휴식이 반드시 장기간의 휴가일 필요는 없다. 직장과 집을 오가는 생활에서 기분과 생각을 전환할 수 있는 즐거움을 주는 활동을 적극적으로 찾아보고 이것을 즐겨보면 슬럼프에서 빠져나오기 수월하다.

"

나는 남들과 좀 다르게 살 줄 알았는데 어쩔 수 없는 건가?

슬럼프에 빠지는 두 번째 이유는 현실적인 한계와 관련이 있다. 인생의 전체적인 과정에서 직장생활에 대해 회의를 느끼기 시작하는 입사 3~5년 차 정도의 시기는 30대 초반에서 30대 중반으로 막 넘어가는 시기이다. 이때는 청년으로서 꿈, 열정, 이상이 사회생활에 부딪히면서 현실적인 검증을 거치게 되는 시기다. 이 시기의 청년들은 이상에 대한 관심이 높다. 미래에 대한 시각이 매우 낙관적이며 자신감도 넘친다. 여기에 입사라는 성취 경험을 하게 되면 자신과 미래에 대한 자신감은 더욱 고조된다.

하지만 직장생활을 통해 학생에서 직장인 역할을 습득해 가면서 현실의 한계를 점차 인식하고, 그동안 막연하게 생각했던 이상과 현실의 차이를 절실히 깨닫게 된다. 게다가 연령상 독립된 가정을 준비해야 할 시기이니 경제적인 부분에도 민감해질 수밖에 없다.

높이 올라갔다가 떨어지면 가속이 붙어 더 아래로 내려가는 것처럼, 미래에 대한 이상과 기대가 컸던 만큼 한계에 대한 자각은 더 비관적이고 부정적으로 다가온다. '나는 남들과 좀 다르게 살 줄 알았는데 어쩔 수 없는 건가?'하는 마음이 들면 자조적인 생각에 빠지기 쉽다. 나이가 들수록 미래에 대한 기대는 현실적이고 구체적이 된다. 높았던 꿈과 이상은 간데없고 현실적으로 변한 자기 자신이 씁쓸하게 생각되기 때문에 슬럼프에 빠지게 되는 것이다.

"

'어떻게 하면 슬럼프를 피할 것인가?'보다는
'어떻게 극복할 것인가?'가 더 중요하다.

그러면 슬럼프를 극복하고 다시 업무에 활기를 찾기 위해서는 내 마음을 어떻게 다스려야 할까? 침체기는 누구나 올 수 있다. '어떻게 하면 슬럼프를 피할 것인가?'보다는 '어떻게 극복할 것인가?'가 더 중요하다. 아무리 마음에 드는 매력적인 일이라도 반복되는 일상이 되면 지칠 수 있다. 업무에 대한 동기가 저하되고 일의 효율이 오르지 않을 수도 있다.

하지만 이 시기를 지나가는 하나의 과정이라고 받아들일 때 부정적인 사고와 자신에 대한 비판에 빠지지 않을 수 있다. 요즘 취업하기가 얼마나 힘든데 배부른 소리 하고 있느냐고 비판하는 사람이 있는데 이런 사람이야말로 아무 생각 없는 사람이다. 누구나 때로는 지칠 수도 있고 그래서 쉬고 싶은 마음이 들 수도 있는데, 그러한 마음이 드는 것 자체를 허용하지 않는 것이다.

그동안 열심히 몰입해 왔다면 지칠 수도 있고, 사람이 지치면 쉬고 싶은 마음에 짜증이 날 수도 있다. 지쳤을 때 더 다그치고 채찍질하는 것보다 쉬어갈 수 있는 여유를 주는 것이 더 바람직하다.

주변에서 뭐라 하건 신경 쓰지 말고 그동안 기울인 자신의 노력을 인정해 주고 자신에게 보상을 주면서 시간 여유를 가져야 한다. 내 안의 모든 에너지가 소진되었다면 우선 충분한 휴식이 필요하다. 충분한 휴식으로 에너지를 재충전한 후에 다시 슬럼프에 빠지지 않도록 자신을 관리할 필요가 있다.

슬럼프에서 벗어나기 위해서는 현재 자신의 모습을 정리해 보는 것도 동기를 북돋우는 데에 도움이 된다. 입사 초기에 가졌던 목표, 경력계획들을 점검해 보자. 초기에 어떤 목표를 원했는지, 어떤 기술이나 지식을 가지고 입사했고, 그것들을 어떻게 유지하고 개발해 왔는지를 돌이켜 본다. 장기적인 관점에서 3년 정도의 단위로 구체적인 경력계획을 세워보는 것도 좋다. 물론 초기에 정한 목표가 그대로 유지되지 않을 수도 있다.

그렇다고 현실과 타협해 목표를 낮추었다고 자신을 자책할 필요는 없다. 완벽하지 않기에 인간이다. 다만 목표가 현실적이고 구체적일수록 실현될 가능성은 높아지니 성취감을 얻을 기회도 많을 것이다. 과한 목표를 세워놓고 지레 포기하는 것보다 현실적인 목표를 향해 노력해 갈 때 발전된 모습을 이끌어 낼 수 있다.

시기별로 어떤 목표를 원하는지 각 목표를 달성하기 위해 지금 준비해야 할 것이 있는지 등을 점검해 보자. 계획이 없는 것보다 세부적인 계획을 갖고 있을 때 목표를 성취할 가능성이 높아진다.

"

사람들은 돈과 같은 물질적 보상이 자신들을 열심히
일하게 한다고 믿지만, 실상은 사회적 만족감과 행복감이
더 크게 기여한다.

침체기는 내적인 동기가 저하된 상태라고 할 수 있다. 동기에는 내적 동기와 외적 동기가 있다. 금전적 보상이나 상사의 인정, 명예 등은 외적인 동기를 유발하는 요인이고, 성취감이나 흥미, 즐거움 등은 내적인 동기를 유발하는 요인이다. 주변에서 누가 뭐라고 하든지 내가 좋아서 열심히 몰입하는 일이 있고, 성과에 따라 보상이 달라지기 때문에 열심히 하게 되는 일이 있다.

전자의 경우는 내적으로 동기가 유발된 경우고, 후자는 외적으로 동기가 유발된 경우다. 앞에서도 언급했다시피 사람들은 돈과 같은 물질적 보상이 자신들을 열심히 일하게 한다고 믿지만, 실상은 사회적 만족감과 행복감이 더 크게 기여한다고 한다.

외적인 동기보다 내적인 동기가 내가 일하는 데 있어 더 큰 동기부여가 된다는 것이다.

그렇다면 어떻게 내적 동기를 되살릴 것인가? 직장생활에서 즐거움을 느낌으로써 내적인 동기를 불러일으킬 수 있는데, 즐거움이란 주관적인 것이어서 다른 사람이 주는 데에는 한계가 있다. 다시 말해 즐거움은 스스로 찾아내는 것이지 외부에서 주어지는 것이 아니다. 즐거움을 발견하기 위한 가장 좋은 방법은 긍정적인 태도를 가지는 것이다.

낙관적이고 긍정적인 사람은 위기에 처하더라도 자신에게 도움이 되는 면을 발견할 줄 안다. 일상의 반복을 무료함으로 느끼는지, 평화로움으로 느끼는지는 개인의 견해에 따라 달라질 수 있다.

또한 스스로 목표를 세우는 것도 좋은 방법이다. 조직에서 주는 과제나 계획이 아니라, 스스로 달성이 가능한 소소한 목표를 정하고 이를 이루어 내면서 성취감을 느껴보도록 하는 것이다. 일에 대한 열정은 스스로 만들어 가는 것이지 외부에서 주어지는 것이 아니다.

내 삶이

무기력의 연속이라면?

희망 없는 노동을 반복하며
살고 있는 시시포스의 후예들에게

어렸을 때는 인생에 대한 호기심으로 가득 차 있어서 무엇을 해도 가슴이 뛰고 피가 끓는다. 좋은 대학에 들어가거나 반듯한 직장에만 취업해도 가슴이 설렌다. 하지만 30대·40대가 되면 무엇을 해도 쉽게 가슴이 뛰거나 설레지 않는다. 아무리 열심히 해도 불가능한 것들이 존재한다는 사실을 하나씩 깨달아 가면서 자신도 모르게 삶에 대한 좌절과 의욕 상실로 인한 무기력증에 빠져드는 경우가 많기 때문이다.

문제는 무기력이 학습된다는 사실이다. 어떤 사람들은 아침에 일어나는 것이 무섭고 두렵다고 말한다. 학습된 무기력에 자신을 내맡긴 사람들은 하루하루가 짜릿하고 신나지 않는다. 그래서 아침에 잠자리에서 일어나기조차 힘들고 버겁다. 이런 무기력에 빠지는 가장 큰 이유는 사람들과 부대끼며 힘겹게 살다 보니 어느 순간 자신도 모르게 자신만의 꿈과 비전을 잃어버린 것이 가장 큰 이유이다.

물론 누구나 꿈과 비전은 있다. 그것이 단지 물질적인 성취나 아파트 평수라서 문제인 거지. 내가 말하고 싶은 것은 "내 삶의 꿈과 비전"이라는 내 삶에 대한 지향점이다.

제대로 살겠다는, 행복하게 살겠다는, 어떤 것에 가치를 두고 의미 있게 살겠다는 행복한 내 삶에 대한 애착이 담긴 지향점 말이다. 내 인생에 이런 제대로 된 지향점이 없으면 자신이 행복해질 수 있는 좋은 기회가 찾아와도 이 기회를 살리지 못한다.

삶의 지향점이 분명하지 않기 때문에 이것이 기회인지 모르고 지나가거나, 기회인지 알았더라도 기회에 도전할 용기와 에너지가 부족하기 때문이다. 기회가 와도 놓치고 고작 한다는 소리가,

"에이 잘 안 됐을 거야. 내 주제에 뭐…"

내 주제가 뭐가 어때서?

이건 학습된 무기력이 스스로 자존감을 낮추고 있는 거다. 행복하게 제대로 살겠다는 "내 삶의 꿈과 비전"이 없기 때문이다. 30대·40대에게 가장 큰 실패는 삶에서 "행복에 대한 자신만의 꿈과 비전"을 잃어버리는 것이다.

"

희망 없는 노동의 반복,
바로 그 낙담이 신들이 생각해 낸
인간에 대한 최대의 벌이었다.

그리스 신화 중에서 〈시시포스의 신화〉라고 알고 있을 것이다.

시시포스는 신들을 속인 형벌로 굴러떨어질 수밖에 없는 바위를 끝없이 산꼭대기로 다시 밀어 올려야 하는 희망 없는 노동을 반복한다. 시시포스에게 내려졌던 형벌은 '꿈의 박탈'이다. 굴러떨어질 수밖에 없는 바위를 끝없이 산꼭대기로 다시 밀어 올려야 하는 희망 없는 노동의 반복. 바로 그 낙담이 신들이 생각해 낸 인간에 대한 최대의 벌이었다. 만약 현재의 내 삶이 무기력의 연속이라면 내가 시시포스의 후예가 아닌지 의심해 봐야 한다.

꿈과 희망이 없는 삶…

어제와 오늘이 비슷하고 작년의 삶과 올해의 삶이 비슷하고, 내일의 삶이 설렘으로 다가오지 않는다면 지금 당장 그 자리에 멈추고 나 자신을 되돌아봐야 한다. 내가 바로 현대판 시시포스의 삶을 살아가고 있기 때문이다.

"

물질보다는 가치 중심의 지향점을 설정함으로써
"내 삶에 대한 열정"을 되살릴 수 있다.

그렇다면 희망 없는 노동을 반복하며 무기력하게 살고 있는 시시포스의 후예 노릇에서 벗어나려면 어떻게 해야 할까?

그것은 단순하지만 희망을 갖는 것이다. 내 가슴을 뛰게 하는 내 삶의 꿈과 비전을 갖는 것이다. 좀 더 자세히 이야기하자면 제대로 된 내 인생의 지향점, 물질보다는 가치 중심의 지향점을 설정함으로써 '내 삶에 대한 열정'을 되살릴 수 있다. 행복하게, 의미 있게, 제대로 살겠다는 내 삶의 꿈과 비전에 대한 열정 말이다.

　　생각해 보자. 나는 어린 시절 뭐 했을 때 행복했는지. 지금은 무엇을 할 때 가슴이 뛰고 가장 행복한지? 그리고 내가 가슴 뛰고 행복한 시간을 최대한 늘리는 것에, 내가 진정하고 싶었던 일을 이루는 지점에 내 꿈과 비전을 갖다 놓자. 그것이 꼭 일이 아니면 더 좋을 것 같다. 일은 내가 행복한 시간을 늘리는 데 필요한 보조수단일 뿐이다.

　　진정한 나만의 꿈과 비전과 만들고 이것을 이루기 위해 최선을 다해서 살자. 이게 진짜 "열정"이다. 남들의 시선에 근사하게 비친 내 모습을 위해서, 물질적인 성취에 목매어 오늘도 끊임없이 자신을 채찍질하는 것이 열정이 아니라…

　　그리고 마지막으로 또 한 가지. "나이가 많아서, 이미 늦었다."라며 주저앉지 말자.
　　지금부터 시작해도 늦지 않은 것이 바로 "인생"이다.

직장생활,

나만 이렇게 힘든 건가?

진짜 미생 이야기

내가 직장생활을 했던 곳은 드라마 〈미생〉의 실제 배경이었던 회사인 대우 인터내셔널(현 포스코 인터내셔널)이었다. 대우 인터내셔널이 지금은 그렇게 존재감이 많이 없지만 내가 신입사원으로 입사했을 때만 해도 굉장히 잘나가던 회사였다.

그 당시 대학생들이 가장 입사하고 싶어 하는 회사였고 연봉도 제일 많이 주는 회사였다. 하지만 돈을 많이 주는 만큼 정말 일도 많이 시키고, 특히 근무시간이 살인적으로 긴 회사였다. 출근 시간은 아침 8시까지, 퇴근 시간은 기본으로 9시를 넘는다. 그 당시에는 토요일도 출근했는데, 토요일은 그래도 조금 일찍 끝났다. '8시' 저녁 8시다. 주말인데 가족들과 시간 좀 보내라고 한 시간 일찍 집에 보내주더라.

이렇게 엄청난 근무시간임에도 불구하고 신입사원 시절에 나는 열심히 한다는 인상을 주려고 오버를 좀 했다. 남들보다 한 시간 일찍 출근하고 한 시간 늦게 퇴근하겠다고 결심을 한 거다. 그러니까 아침 7시에 출근하고 저녁 10시에 퇴근하는 거다.

지금 생각해 보면 이때는 참 단순무식한 것이 아무 생각 없을 때였다. 근데 나보다 더 강적이 있었는데 바로 부장님이었다. 부장님은 일단 퇴근을 안 한다. 퇴근하는 걸 본 적이 없다. 내가 10시에 퇴근할 때까지 자리에 앉아 있다. 무엇을 하는지는 모르겠지만 아무튼 자리에 앉아 있다. 그리고 아침 7시에 출근해 보면 또 자리에 앉아 있는 거다.

'아니 이 양반이 혹시 회사에서 사는 거 아냐?' 이런 생각이 들었다. 내가 아침 7시에 출근하고 저녁 10시에 퇴근하는데 항상 자리에 있었으니 그런 생각이 들 만도 하다.

잠시 내가 직장생활을 했을 당시 상사들 이야기를 좀 해보겠다. 내가 처음 발령받아서 근무했던 곳은 경영기획실 경영전략팀이란 곳이었는데 엄청 있어 보이는 근사한 팀 이름처럼 엄청난 스펙의 상사들이 많았다.

내 위에 과장님이 세 분 있었는데 그중 한 분은 이력을 보고 깜짝 놀랄 정도였다. 누구나 다 알고 있는 굉장히 유명한 해외명문대에서 박사학위를 받고 미 국방부에서 선임연구원을 하다가 회사로 왔단다. 아니 이런 사람이 왜 회사에서 과장을 하고 있지? 정말 이해가 안 되었다.

근데 이런 엘리트만 있었던 게 아니라 좀 독특한 캐릭터의 과장님도 있었는데 이 분은 복권 마니아였다. 매주 월요일 아침에 종류별로 복권을 여러 장 산다. 복권을 사서 꼭 와이셔츠 앞주머니에 넣고 일주일 내내 가슴에 품고 다닌다. 그리고 점심 먹으러 갈 때마다 복권을 우리한테 보여주면서 내가 이것만 맞으면 바로 회사 그만둔다, 나 출근 안 하면 당첨된 줄 알아라.

맨날 이렇게 요즘 애들 말로 개드립을 치면서 회사에 다녔던 과장님도 있었다.

그리고 우리 부장님. S대 경영학과라는 최고학벌에, 영어 스페인어 유창하고 업무능력도 탁월해서 회사에서 아주 잘나가는 분이었다. 잘나가니까 본사 기획실 부장하고 있었겠지. 그런데 어느 날 부서회식을 하는데 얼큰하게 취하신 부장님이 이러는 거다.

"나도 잘된다는 보장만 있으면 회사 그만두고 집 앞에서 치킨집 차리고 싶다."

이렇게 얘기하는 거다(그 당시에는 치킨집이 어느 정도 장사가 좀 될 때였다). 그래도 그렇지. 나는 정말 깜짝 놀랐다. 신입사원인 나한테는 태산 같은 존재였는데 치킨집이라니. 잘나가는 대기업 기획실 부장이 치킨집을 차리고 싶다니, 정말 쇼크였다. 그리고 그때 깨달았다.

"아 부장님은 회사에서 사는 것이 아니었구나. 부장님도 직장생활을 힘들어하고 계시는구나." 늦게나마 진실을 알게 된 거다.

이렇게 탄탄한 입지, 높은 직급의 직장인들도 우리와 똑같이 다들 힘들어하며 회사를 다니고 있는 거다. 나만 힘든 게 아니다. 우리 직장인들은 이런 의문이 있지 않나? 직장생활이 너무 힘든데 나만 이렇게 힘든 것인지 아니면 남들도 힘들어하는지?

좀 위로가 될지 모르겠지만 직장생활은 나만 힘든 게 아니라 당신 상사도 힘들어하고, 동료도 힘들어하고, 모두가 힘들어하면서 회사에 다니고 있는 거다. 나만 힘든 건 아니라는 거다. 사실 직장생활이란 것이 정말 힘든 것이다(직장생활이 왜 이렇게 힘든지 그 이유에 대해서는 두 번째 챕터에 잘 적혀 있다).

나는 〈미생〉이라는 드라마의 실제 배경이었던 대우 인터내셔널을 다녔지만 드라마를 끝까지 본 적은 없다. 왜냐하면 드라마에 나오는 사무실이 실제 대우 인터내셔널 사무실에서 찍은 거여서 예전에 직장생활을 하던 기억이 너무 생생히 떠올라 드라마를 처음 본 날 밤새도록 악몽을 꾸었기 때문이다.

그만큼 나도 직장생활이 힘들었다는 거다. 이렇게 직장생활은 모두가 힘들어한다.

"직장에서의 행복은 불가능한 것일까?" 하나씩 하나씩 이제부터 답을 찾아보자.

퇴사를 꿈꾸지만

퇴사하지 못하는 당신에게

직장인으로 살고 있는 자신의 선택을
끊임없이 의심하면서 퇴사를 꿈꾸는 사람들

앞에 프롤로그에서 언급했다시피 우리가 사는 이유는 "행복"이다. 다시 한번 근거를 제시해 보겠다. 끊임없이 이직을 꿈꾸는 당신, 왜 이직하려고 하는가? 이직하면 돈을 더 많이 받으니까, 복지가 좋으니까, 좀 더 안정적이니까, 큰 회사로 옮기면 주변에 자랑할 수 있으니까, 내 적성에 맞을 것 같아서, 하고 싶은 일이라서, 지금 회사 인간들이 나랑 안 맞아서, 다들 쓰레기라서(회사에 쓰레기들 진짜 많아 그치?). 뭐 대충 이런 이유들일 것이다.

그렇다면 이직해서 연봉 오르고 보기 싫은 인간들 안보고 복지 좋고 하고 싶은 일 하면 뭐가 좋은가?

"행복하잖아."

현대인들은 생각보다 굉장히 집요하게 행복에 집착하고 있다. 다만 그 사실을 잘 인식하지 못하고 있을 뿐이다. 당신의 모든 결정과 판단과 생각의 중심에는 행복이 있다. 그래서 나는 현대인들을 행복에 대한 지향자 또는 중독자들이라고 생각한다. 그렇다 현대인들은 모두 늘 행복하고 싶어 하는 행복 지향자, 행복 중독자들이다. 사실 당신의 고민도 사실을 여기서 출발하는 것이다.

행복 지향자들이기 때문에 늘 행복하고 싶어 한다. 늘 행복하지 않으면 잘 못 살고 있다고 생각한다. 그래서 우리는 일을 할 때도 행복하고 돈을 벌 때도 행복하고 여행을 할 때도 행복하고 사람을 만날 때도 행복하고 그런 삶을 꿈꾼다. 그게 맞는 삶의 방향이라고 여기면서.

문제가 뭔지 아는가? 그런 사람은 "없다"는 거다. 일단 늘 행복하면 내가 행복한 상태인지 모르는 게 논리적이지 않은가? 늘 행복한 상태라면 그냥 행복한 상태가 일상이 되니 정작 행복하다는 생각을 못 하겠지. 그냥 당연한 거지. 그리고 결정적으로 당신 주변에 늘 행복한 사람 본 적 있는가? 없지, 당연히 없지. 행복할 때도 있고 그저 그럴 때도 있고 불행할 때도 있고 이게 평범한 우리 삶이지 않던가?

우리는 행복 지향자들이기 때문에 직장생활에서도 행복을 꿈꾼다. 행복한 먹고사니즘을 지향한단다. 이런 행복 중독자들 같으니라고! 이건 좀 선을 넘는 거다. 행복을 꿈꾸는 건 당연하다. 잘못된 것은 당연히 아니다. 본능적인 거니까. 하지만 늘 행복할 수는 없음을 먼저 이해해야 한다. 그래야 직장생활의 본질을 이해하고 내 삶의 방향을 정확히 결정할 수 있기 때문이다.

우리는 행복 지향자이기 때문에 일을 할 때 행복하기를 원하고 직장에서도 행복하기를 바란다. 사실 깨어 있는 시간의 대부분을 일을 하면서 지내기 때문에 그 시간이 행복하기를 바라는 것이 당연하긴 하다. 일을 하는 시간이 불행하다면 삶이 불행해지니까. 이런 논리겠지. 그렇게 생각할 수 있다. 좋다. 근데 앞에서 언급했다시피 늘 행복할 수는 없다. 직장생활도 삶과 동일하다. 행복할 때도 있고 그저 그럴 때도 있고 불행할 때도 있고 이게 우리 직장생활 아니던가?

　월요일은 괴롭지만 금요일은 즐겁고 너무 행복하다(사실 목요일 점심시간부터 행복감이 밀려온다). 일하면서 스트레스받을 때도 있지만 성취감을 느낄 때도 있다. 나랑 잘 안 맞는 또라이도 있지만 (놀라운 사실 하나 알려줄까? 또라이는 어디 가나 있더라) 은근 죽이 잘 맞는 동료도 있다. 직장생활이 늘 불행하다면 지금 당장 그만둬라. 당신이랑 맞지 않는다. 하지만 직장생활이 금요일 퇴근할 때 너무 즐겁고 월요일 출근길이 짜증 난다면 당신은 지극히 정상인 것이다.

"

직장인으로 살고 있는 자신의 선택을 끊임없이
의심하면서 퇴사를 꿈꾼다.
두려움 때문에 퇴사하지 못하는 자신을 용기 없다고
자책하면서.

　우리는 늘 행복하기를 바라는데 직장생활이 늘 행복하지는 않으니까 "나랑 안 맞아." "한 번뿐인 내 인생 이렇게 살아야 하나?" "퇴사하고 싶다." "잘 못 살고 있나?"라며 직장인으로 살고 있는 자신의 선택을 끊임없이 의심하면서 퇴사를 꿈꾼다. 두려움 때문에 퇴사하지 못하는 자신을 용기 없다고 자책하면서.

일단 당신은 용기 없는 사람이 아니다. 행복해지고 싶다고 무모해질 필요는 없다(왜 무모하다고 말하는지 이 책 「Part 5 퇴사를 고민하고 있는 당신에게」를 읽어봐라).

그리고 이 사실을 이해하자. 늘 행복한 삶은 없고, 늘 행복한 직장생활도 없다는 사실을. 마찬가지로 늘 불행한 삶도 없고, 늘 불행한 직장생활도 없다는 사실을. 행복과 그저 그런 상태, 불행할 때가 끊임없이 교차하는 게 우리 삶이고 직장생활이다.

직장생활은 큰 틀에서 보면 돈을 버는 행위인 노동이지만 자세히 들여다보면 분명 즐거움도 존재한다. 우리는 직장생활의 행복한 부분은 생각하지 않고 항상 불행한 부분만 생각한다. 직장생활의 행복한 부분도 볼 수 있는 폭넓은 사고와 긍정적인 삶의 프레임이 당신에게 필요하다(이 책 「Part 3 직장에서의 행복은 가능할까?」에 좀 더 자세히 기술되어 있다. 읽어보자).

늘 행복한 직장생활을 꿈꾸면 현재의 직장생활이 불만족스러울 수는 있다. 하지만 늘 행복한 직장생활은 존재하지 않기에 직장생활을 하며 경제활동을 하는 당신의 선택이 잘못된 방향으로 가고 있는 것은 아니다. 퇴사하지 못하는 당신이 용기가 없는 사람도 아니다. 오히려 삶을 아주 잘살고 있는 사람이다. 힘든 직장생활 오늘도 잘 끝내지 않았던가?

수고했다 오늘도. 조금 있으면 주말이다.
힘든 시간은 가고 있고 행복이 가까이 오고 있다. 기운 내자.

삶은 행복의 총량을 늘리기 위한

끊임없는 투쟁의 연속이다

우연한 행복은
"행복이 아니라 행운"이다

우리는 끊임없이 행복을 갈구하는 "행복 지향자"들이지만 행복의 본질과 속성에 대한 이해는 부족하다. 행복에 대해 잘 모르는데 무작정 그냥 행복하고 싶은 거다. 이런 상태로 내 삶의 행복의 총량을 늘리긴 어렵다. 그렇다면 어떻게 해야 좀 더 행복해질 수 있을까?

강원도 양양에 위치한 죽도해변은 서핑의 성지이다. 지금은 종영된 나의 최애 프로그램 〈다큐멘터리 3일〉에서 죽도해변에서의

3일을 다룬 적이 있는데, 한 서퍼의 말이 정말 인상적이었다.

"서핑이 사실 파도 타는 것은 제가 봤을 때는 1%라고 생각해요. 나머지 99%가 슈트를 입는 일, 바다까지 오는 일, 팔을 노처럼 저어서 바다 한가운데까지 나가는 일, 좋은 파도가 올 때까지 기다리는 일이 다 포함이란 말이에요. 기다림이 99%고요. 그 순간은 1%거든요. 그걸 즐겨야 하는 것 같아요. 서핑이 바로 그거예요. 인생도 마찬가지이구요."

1%의 황홀한 순간을 위해 99%의 힘든 과정이 있다. 삶도 마찬가지다. 직장생활도 마찬가지고. 내가 원하는 행복의 지점으로 가기 위해서는 과정이 필요하다. 그 과정이 힘들고 고통스럽고 지루하고 포기하고 싶은 순간도 있겠지만 행복으로 가는 과정, 행복의 비용이라고 생각하면 다시 기운을 내서 도전하고 시작하고 포기하지 않을 수 있다.

이 책에서 앞으로 자주 등장할 스피노자의 행복에 대한 철학을 불러오면 쉽게 이해할 수 있다

"모든 고귀한 것은 힘들 뿐만 아니라 드물다."

스피노자는 행복은 쉽게 찾아오는 것이 아니며 행복을 얻기 위해서 끊임없이 집요하게 추구해야 아주 어렵게 한 번 행복할 수 있단다. 스타강사인 김정운 교수(문화심리학자, 여러가지문제연구소장)도 행복에 대해 이렇게 이야기했다. 행복도 노력해야 온다며.

"행복은 생각보다 구체적이고 처절한 노력 끝에 얻어지는 것이다."

행복은 비용이 필요하다. 행복하기 위해 우리가 치러야 하는 비용이 있단 말이다. 행복으로 가는 과정이라고 해도 좋다. 행복의 비용, 그 과정까지 행복하기는 어렵다는 거다. 행복의 비용은 주로 우리가 많이 싫어하는 것들이다.

노동, 좌절, 고통, 실패, 지루함, 포기하고 싶은 마음, 창피함, 뭐 이런 것들이다. 보기만 해도 후덜덜한 단어들이다.

행복의 그 비용을 치르기 싫다면, 그 과정이 두려워서 회피한다면, 우리는 행복하기 어렵다. 아무것도 하지 않고 가만히 있는데 행복하기는 어렵다는 것이다. 공짜 행복은 없다는 거다. 물론 내가 아무런 노력도 하지 않았는데 우연하게 모든 상황이 잘 맞아서 행복감을 느낄 때가 있다.

"

우연한 행복은 "행복이 아니라 행운"이다.

예를 들어 모처럼 오전에 시간이 나서 낯선 카페에 들렀는데 카페 분위기가 너무 좋고 음악도 좋고 밖에는 분위기 있게 비도 내리고 있다. 비가 오는 날 분위기 좋은 카페에서 즐기는 커피 향이 너무 좋다. 여유 있는 이 시간이 너무나 만족스럽다. 행복하다. 행복의 비용을 치르지 않았지만 행복감을 느낀다. 살다 보면 운 좋게 이런 우연한 행복을 느낄 때가 있다.

중요한 것은 우연한 행복은 자주 오지 않는다는 사실이다. 내가 통제할 수 있는 영역도 아니고. 우연한 행복은 "행복이 아니라 행운"이지.

이런 우연한 행운만을 기대하면서 삶을 살기에는 우리가 살면서 필요한 행복의 총량이 너무 많다.

우리에게 필요한 삶의 자세는 적극적으로 행복의 비용을 치르면서 내 행복을 향해 조금씩 가까이 가는 거다.

그동안 귀찮아서 힘들어서 두려워서 하지 못했던 일들, 시도조차 못 했던 일들, 오늘부터 시작해 보자. 가만히 있는데 누가 나를 행복하게 해주지 않는다.

행복한 내 삶, 오늘부터 1일이다.

내 삶을 관통하는

행복 방정식

소비를 늘리거나
욕망을 줄이거나

내가 종교처럼 신봉하는 행복의 방정식이 있다. 노벨경제학상 수상자인 폴 사무엘슨의 행복방정식이다. 폴 사무엘슨은 행복을 경제학적으로 이렇게 정의했다.

$$행복 = \frac{소비}{욕망}$$

너무 맞는 이야기다. 절대 공감. 내 삶을 관통하는 행복방정식이다. 이 공식 하나로 우리가 평소에 왜 그렇게 생각하고 행동하고 결정하는지 명쾌하게 설명할 수 있다.

　이 공식에 근거하여 행복의 총량을 증가시키려면 두 가지 방법이 있다.

　"소비를 늘리거나 욕망을 줄이거나."

　행복의 총량을 증가시키기 위한 첫 번째 방법은 "소비를 늘리는 것"이다. 소비를 늘리기 위해서 뭐가 필요한가? 바로 "돈"이 필요하다. 그래서 우리가 그렇게 돈을 벌려고 애쓰는 것이다. 돈을 벌면 소비를 늘릴 수 있고 그러면 "난 행복하니까." 우리가 그렇게 돈을 좋아하는 이유이다.

　돈을 너무 좋아하는 당신은 너무나 정상이다. 속물도 아니고 돈에 환장한 것도 아니다. 자본주의 체제에서는 소비할 때 행복하다. 우리는 대부분 소비할 때 행복감을 느낀다. 아래 우리가 평소 원하는 것들, 행복해하는 것들이다.

- 맛집에 가서 맛있는 것을 먹는다.
- 해외여행을 간다. 지중해에 위치한 6성급 호텔에서 한 달 살기. 스위스 알프스 여행.
- 에르메스, 샤넬 가방을 사서 갖고 다닌다.
- 한강 변 최고급 아파트, 시그니엘 레지던스에 산다. 퇴근하면 한강이 보인다.
- 강남 청담동 압구정동 고급 아파트에 산다.
- 최고급 외제차 페라리를 타고 다닌다.

보통 우리는 이럴 때 너무 행복하지 않은가? 천박하게 느껴지는가? 그렇다면 만약 당신이 이런 삶을 살 수 있다면 거부하겠는가? 나는 솔직히 너무 행복할 것 같은데?

몇 년 전에 결혼한 연예인 K의 신혼집은 잠실에 위치한 시그니엘 레지던스란다. 무려 80억이 넘는 초고가 아파트로 한강이 한눈에 내려다보이는 전망이 정말 좋은 곳이라고 한다. 이런 곳에 살게 되었는데 연예인 K가 가만있을 사람이 아니다.

자신의 인스타에 한강이 내려다보이는 전망 좋은 창가에서 자신의 몸매가 드러나는 게시물을 올렸다. "신혼집에서 하루" 뭐 이런 느낌이다. 이거 왜 올렸을까? 자랑하려고. K의 마음을 말해볼까? "나 이런 데 살아. 나 행복해. 부럽지? ㅋ." 뭐 이런 마음으로 인스타에 올렸겠지.

연예인 K의 게시물을 보고 어떤 기자가 게시물을 퍼가서 자극적인 제목으로 기사를 작성했다. "K, 한강이 내려다보이는 80억 신혼집에서 명품 몸매 과시" 조회수 장사를 시도한 거지. 기자의 예상대로 폭발적인 조회수가 나왔고 엄청나게 많은 댓글도 달렸다 (그 당시는 연예인 기사에 댓글을 달 수 있는 시기였다).

댓글은 대부분 악플이었다. 관종이다, 돈 보고 결혼했다, 꼴 보기 싫다. 뭐 이런 류의 댓글이 대부분이었다. 수많은 댓글 중 정말 공감 가는 댓글이 있어 나는 좋아요를 눌렀다.

"과연 행복할까? 겁나 행복할 듯 ㅜㅜ."

나는 특히 'ㅜㅜ'에서 공감했다. 일 마치고 퇴근했는데 내 집이 서울이 내려다보이는 한강 변 최고급 아파트라면 너무 행복할 것 같은데?

정리하자면 자본주의 체제에서는 소비할 때 행복하고, 소비하려면 돈 필요하다. 그래서 우리가 그렇게 돈을 벌려고 하는 거다. 돈을 벌면 "행복하니까."

우리 삶을 관통하는 행복의 공식, 맞다. 다만 이거 하나는 우리가 알고 가자. 돈은 소비의 수단이지 최종적인 목표는 아니라는 거다. 돈 자체가 최종 목표가 되면 우리는 욕구 충족이 안 되는 탐욕스러운 사람, 행복하지 않은 인생을 살게 되기 때문이다. 이게 무슨 뜻이냐고? 다음 글을 읽어보면 이해하게 된다.

"

우리의 감정은 욕구와 관련이 깊다.

행복의 총량을 늘리기 위한 두 번째 방법은 "욕망"을 줄이는 거다. 보통 종교적인 분들이 많이 이야기하는 "내려놓으라."가 바로 여기에 해당된다고 할 수 있겠다. 그러나 나는 개인적으로 욕망을 줄이라는 "내려놓으라."는 말에 반대한다.

왜냐하면 문제가 욕망을 줄이면 소비도 같이 줄어든다. 큰 욕망 없이 청산~하면서 세월아 네월아 살면 경쟁사회인 자본주의 체제에서 많은 돈을 벌기는 불가능하다. 욕망이 줄면 소비도 줄어든다. 행복의 총량이 늘어나지 않는 것이다.

그리고 결정적으로 우리 감정은 욕구와 관련이 깊다는 점이다. 빅터 프랭클의 "자극과 반응 사이에는 공간이 있다."라는 유명한 말이 있다.

"자극과 반응 사이에는 공간이 있다. 그 공간 안에는 우리가 선택할 수 있는 힘이 있다. 그 선택이 우리의 성장과 행복에 직접 관련이 되어 있다."

자극과 반응 사이 그 공간에는 욕구가 있다. 그렇기 때문에 우리의 감정을 결정하는 요인은 자극이 아니라 충족되거나 충족되지 않은 욕구이다. 욕구가 충족될 때 행복하고 욕구가 충족되지 않으면 우울해진다. 예를 들어 업무 실수를 해서 팀장님한테 엄청 깨졌다고 가정해 보자. 기분이 나쁘고 우울하겠지. 왜 이런 감정이 드는 걸까? 팀장님한테 깨져서? 아니다. 나의 욕구가 충족되지 않았기 때문이다.

조직에서 인정받고 싶은 욕구, 안정적으로 회사를 다니고 싶은 욕구, 평화로운 일상을 유지하고 싶은 욕구, 망신당하고 싶지 않은 욕구 이런 욕구들이 충족되지 않으면서 우울해진 것이다.

몇 년간 내가 짝사랑하는 사람이 있다고 가정해 보자. 어렵게 고백을 했는데 그 사람이 고백을 받아줘서 드디어 꿈에 그리던 그 사람과 사귀게 되었다. 기분이 어떨까? 너무 행복하겠지. 그 사람과 사귀게 돼서 행복한 걸까? 아니다. 그 사람과 사귀게 된 것은 자극이다.

욕구가 충족되면서 행복해진 것이다. 그 사람과 사랑하고 싶은 욕구, 그 사람을 소유하고 싶은 욕구, 설레는 연애를 하고 싶은 욕구, 사랑하는 사람과 다양한 놀이를 함께 하고 싶은 욕구, 이런 욕구들이 충족이 되면서 행복하다는 감정을 느끼게 되는 것이다.

그렇다. 행복은 욕구가 충족되는 과정에서 느끼게 된다. 근데 욕구를 줄이라니? 먹고 싶은 것도 없고, 만나고 싶은 사람도 없고, 가고 싶은 곳도 없는, 욕구가 없는 상태가 과연 행복할까?

나는 개인적으로 "내려놓으라."가 아니라 "만족할 줄 아는 건강한 마음이 필요하다."라고 생각한다. 우리에게는 큰 욕구, 중간 욕구, 작은 욕구 등 다양한 크기의 욕구들이 있다.
욕구의 크기와 관계없이 충족될 때마다 만족하며 행복해하는 마음. 이게 바로 만족할 줄 아는 건강한 마음이다.

보통 사람들이 "작은 것에도 감사할 줄 아는 사람이 되어야 한다."

"작은 일에서도 즐거움을 찾을 줄 알아야 행복하다." 이렇게 이야기하는데, 내가 이야기하는 "만족할 줄 아는 건강한 마음"과 비슷한 의미이다.

<blockquote>
"

**내 삶을 행복하게 그리고 단단하게 살아내기 위해
꼭 필요한 과정이다.**
</blockquote>

만족할 줄 아는 건강한 마음을 갖는다는 것은 우리가 행복하게 살기 위한 필수 조건이다. 그러나 안타깝게도 이런 마음을 갖지 못한 사람들도 많다.

만족을 모르는 사람들, 만족하면 큰일 나는 줄 아는 사람들, 만족하면 나태해지고 자신의 삶이 정체된다고 생각하는 사람들, 자신의 삶에 채찍질만 있는 사람들이 대표적이다.

모 언론사에서 대한민국 100억대 자산가들을 대상으로 이런 설문 조사를 진행한 적이 있다.

"100억대 자산가이신데, 당신은 부자입니까?"

설문 조사 결과가 놀랍다. 절반 가까이가 "난 아직 부자가 아니다."라고 답변했다고 한다.

만족할 줄 모르는 사람들이다. 먹어도 먹어도 배가 고픈 아귀처럼 충족되지 않는 욕구를 갖고 있는 사람들이다. 욕구가 충족되지 않으니 살면서 행복할 일도 별로 없다. 100억이 있으면 뭐하나? 별로 행복하지 않은데.

폴 사무엘슨의 행복방정식과 빅터 프랭클의 욕구중심이론을 중심으로 과거와 현재의 나를 통찰해 보자. 그러면 내가 왜 이렇게 생각하고 있고, 과거에 왜 이런 결정을 했었고, 현재 왜 이것을 중요하게 생각하고 있는지, 미래를 위해 왜 이런 목표를 세우게 되었는지, 내 생각의 시작점을 이해할 수 있게 될 것이고 내가 어떤 사람인지 나 자신을 통찰력 있게 잘 파악할 수 있게 될 것이다.

이건 굉장히 중요한 일이다. 내 삶을 행복하게 그리고 단단하게 살아내기 위해 꼭 필요한 과정이니까.

Part 2

나는 왜
일을 하는가?

회사 다니는 것이 행복하지 않아

고민하는 당신에게

나는 왜 일을 하는가?

　내가 대학 졸업 후 직장생활을 하면서 가장 큰 고민이었던 것은 '회사 다니는 것이 행복하지 않다.'는 것이었다. 정신없이 신입사원 시절을 보내고 한숨 좀 돌리고 나니까 매일 똑같이 반복되는 일상이 지루해지면서 직장생활을 하는 것이 재미도 없고, 보람도 없고, 아무 의미도 없게 느껴졌다. '내가 지금 여기서 뭐 하고 있는 거지?' 이런 생각이 들면서 회사에 다니고 있는 것이 나 자신을 소모하고 있다는 생각이 들었다.

"회사에서 일하는 게 행복하지 않아서 고민이다. 내가 행복할수 있는 일을 찾아야 하나? 그게 맞는 건가?"

문득 이런 생각이 들었다. 끊임없이 고민하고 갈등했다. 정답을찾기 위해서.
지금 다니고 회사를 다니는 것이 행복하지 않은데 계속 다니는게 맞는 건지?
회사 때려치우고 내가 행복할 수 있는 일을 찾는 게 맞는 건지?

"

삶은 끊임없는 선택의 연속이고 선택의 결과에 대해서
스스로 책임을 져야 하기에
안정된 직장을 그만둔다는 선택은 너무도 두려웠다.

정답이 있는지 한번 찾아보기로 했다.
생각을 정리해 보니 가장 중요한 핵심은 "일"에 관한 관점을 명확히 하는 것이 먼저라는 생각이 들었다. 많은 직장인들이 나처럼직장생활에 대해 고민을 하는 건 결국 "행복하지 않아서."이다. 회사에서 일하는 게 행복하지 않은 것은 내 탓일까? 회사 탓일까?

책과 강연을 통해 탐구하다 보니 일, 직장생활, 성공, 행복과 관련된 이야기를 하는 사람들은 두 부류였다.

첫 번째 부류는 지금 하고 있는 일을 즐기라고 이야기하는 사람들이다. 이들의 신분은 다양하다. 기업 CEO, 대학교수, 성공학 강사, 자기계발 전문가 등 다양한 사람들이 여러 가지 기법을 동원해서 그럴듯하게 이야기하지만 결국 정리해 보면 대략 이런 논리다.

"난 일을 즐겼기 때문에 성공했다. 나뿐 아니라 성공한 사람들은 모두 일을 즐기면서 하는 사람들이다. 그러니까 너희도 일을 즐겨라. 일을 즐기면 성공할 수 있다."

"일이 마음에 안 들더라도 성공하기 위해서는 일을 즐길 수 있도록 노력해야 한다."

듣기에는 그럴듯해 보이지만 조금만 생각해 보면 여기에는 결정적인 논리의 오류가 있다. 단순하다. 무엇인가 좋아하고 즐기는 것은 감정의 영역이다. 사람 감정이 노력한다고 어디 마음대로 되는 것이었던가?

"자기 마음이라도 자기 마음대로 안 되는 것이 사람이다."

하지만 사회적으로 성공한 사람들이 TV 프로그램에 출연해서 근사한 모습으로 진솔하게 "나처럼 즐기면서 일하면 성공한다."라고 말하면 설득력 있게 들리는 것도 사실이고, 내가 사회생활하면서 지향해야 할 모범적인 목표지점처럼 느껴지는 것도 사실이다. 사회생활의 정답처럼 느껴지는 것이다.

게다가 "나처럼 즐기면서 일하면 성공한다."라는 말의 이면에는 일을 즐기면 넌 성공할 수 있지만, 그렇지 못하면 남들에게 뒤처지게 될 것이라는 은근한 협박도 담겨 있다. 그러니 여기에 설득 당하고 불안해진 우리 직장인이 이런 고민을 하는 것이다.

"다들 일을 즐기면서 하라고 하는데 나는 지금 회사 일을 즐기면서 하는 것 같지 않고, '이 일이 나랑 안 맞나?', '내가 끈기가 부족해서 못 즐기는 건가?"

이런 고민이 들고 일을 즐기지 못하는 나는 경쟁에 뒤처진 사람처

럼 느껴지지 않던가? 전혀 그렇게 생각할 필요 없다. 내 생각에는,

"성공한 사람들은 즐기면서 일을 해서 성공한 게 아니라 성공해
서 일이 즐거워진 거다."

간단하게 예를 들어보겠다.

당신이 크게 성공해서 돈을 많이 번다고 가정해 보자. 하루에 1
억쯤 번다고 치자.

오늘 1억 벌었고, 자고 일어나서 내일 일하면 또 통장에 1억 들
어 온다. 어떤가? 아마 일이 엄청 즐거울 거다.

"아싸~! 오늘만 일하면 1억, 오늘은 퇴근할 때 현금으로 찾아가
야지 1억."

이렇게 되면 당신은 아마 1년에 하루도 안 쉬고 일할지도 모른
다. 그럼 얼마인가? 365억이다. 그래서 재벌 회장들이 하루도 안
쉬고 일하는 거다. 근데 우리는 하루에 1억씩 들어오지 않는다.
하루하루 살기 바쁘지…

꼭두새벽에 일어나서 콩나물시루 같은 지하철에서 시달리면서

출근하고, 출근해서는 또라이 같은 부장의 갈굼과 함께 이어지는 오늘도 또 야근이라는 2단 콤보를 맞으면,

"내가 지금 뭐 하고 있는 거지? 이렇게 사는 게 맞는 건가?"

이런 생각이 들기 마련이다. 기진맥진하고 지치는 건 사람이면 당연한 일이다. 근데 사회는, 성공한 사람들은 우리들에게 끊임없이 일을 즐기라고 한다. 그것이 행복한 삶이고, 모범적인 인생이고, 성공으로 가는 지름길이라고.

근데 말이다… 만원 지하철, 또라이 부장, 매일 계속되는 야근을 어떻게 즐겨?

결론을 내렸다. "직장인인 우리가 일을 즐기지 못하는 것은 당연한 거다." 여기는 정답이 아니네…

두 번째로 일에 관하여 이야기하는 사람들은 주로 철학자들인데 그들은 일에 관해 이렇게 이야기한다.

"돈을 벌기 위해서 일하지 말고 자신이 즐겁고 행복한 일을 해라.

어떤 일에 흠뻑 빠져서 즐겁게 일하다 보면 돈은 자연스럽게 따라온다."

한마디로 "한 번뿐인 인생, 돈 때문에 일하지 말고 네가 하고 싶은 일, 행복할 수 있는 일을 하면서 네 인생을 살아라." 정도로 요약할 수 있겠다. 이들은 또한 공통적인 패턴이 있었다. 자신은 자신의 일을 할 때 너무 행복하다는 것이다. 자신은 글을 쓸 때 너무 행복하고, 사유하고 철학 할 때 너무 행복하단다. 자신은 결코 돈 때문에 일하는 게 아니고 행복하니까 일하는데 그러다 보니까 그 부산물로 돈이 벌리더라… 뭐 이런 패턴이다.

난 이들의 이야기가 공감 가지 않고 불편하게 느껴졌다. 왜냐하면 그들의 논리가 자본주의와 신자유주의의 열혈신봉자들인 기업 CEO, 성공학 강사들의 논리와 크게 다르지 않기 때문이었다.

"무조건 일을 즐기라는 것"

다만 지향점이 성공이냐 행복이냐가 다를 뿐이다.
행복하게 살아야 하는 건 맞다. 하지만 당장 이번 달 대출금 이자부터 갚아야 하고 생활비에 쫓기면서 사는 게 현실인데 내가 하고 싶은 일을 하면서 행복하게 살라고? 삶은 용기 있는 선택의 연속이고 지금의 일이 행복하지 않으면 과감하게 그만두고 좋아하는 일을 선택하라고? 그러면서 행복하게 일을 즐기면서 살라고?

당면한 우리의 먹고사니즘은 어떻게 하고? 현실과 동떨어져 너무 철없지 않은가?
우리도 행복하게 일하고 싶다고…

꿈, 행복, 그리고 삶은 용기 있는 선택의 연속이라는… 이런 듣기는 좋지만 현실감 없는 이야기를 하는 그들을 개또라이 같은 부장과 한 달만 붙여놓고 싶다는 생각이 든다. 아마 그들은 한 달은 커녕 일주일도 버티지 못하고 회사에서 도망칠 것이다. 우리는 꾸역꾸역 다니고 있는데 말이다.

냉정하게 이야기하면 말이다, 자본주의 체제에서는 기본적으로 먹고살 돈이 있어야 행복이고, 사랑이고, 가족이 있는 거다. 그 기본적인 돈이 없다면 당장 다음 달 대출이자, 카드값을 어떻게 막을지 정말 살 떨리게 고민해야 한다. 먹고 싶은 것도 돈 때문에 못 먹고, 사람 만나기도 부담스럽다. 이런 인생이 과연 행복할까? 내가 하고 싶은 일을 하는 용기 있는 선택의 결과가 이렇다면 말이다.

여기도 아니네…

다시 원점이다.

돈은 벌어야 하고, 회사를 다니는 것이 행복하지 않은 내 인생.

앞으로 어떻게 살아야 할까?

회사에서 일하는 것이

행복하지 않은 이유

호모루덴스, 노동과 놀이

남들이 말하는 안정된 회사를 다니고 있었지만 나는 왜 회사에서 일하는 것이 행복하지 않을까? 너무 고민이었다.

혹시 내가 게으른 사람이어서 그런 건가? 나는 자본주의에 안 맞는 사람인가? 일이 즐겁다는 사람들도 있던데 난 회사 다니는 것이 너무 짜증나고 싫고… 내가 무슨 문제가 있는 사람인가? "직장생활"에 대한 명확한 개념도 없었고 그냥 남들이 회사를 다니니까 나도 다니고, 먹고살기 위해 회사를 다니고 있는 상태였다.

프로젝트 준비로 한 달 내내 야근을 한 적이 있었다. 어느 날 야근을 마치고 퇴근할 때 이런 생각이 들었다.

"지금이 11시 30분이니까 앞으로 8시간 후에 다시 회사로 와야 하는구나…"

세상에서 내가 제일 불행한 사람처럼 느껴졌다. 직장생활에 대한 회의감이 밀려들었다.

늦은 시간의 도심 한복판에서 그렇게 난 혼자 있었다. 다시 오지 않을 내 젊은 날의 소중한 시간을 회사에서 소모하고 있다는 생각이 들었다. 나는 "회사에서 일하는 것이 행복하지 않은 이유"를 알고 싶었고 스스로 납득하고 싶었다.

정답을 찾아 여기저기 헤매고 다니던 나는 네덜란드의 철학자인 요한 하위징아의 "노동과 놀이"라는 개념을 알게 되었다. 직장인들의 고민은 결국 "행복하지 않아서."인데 하위징아의 "노동과 놀이"라는 개념을 접하고 나는 고민의 실마리를 찾을 수 있다는 생각이 들었다.

내가 고민하는 이유도 알고 보니 "노동과 놀이"의 개념이 잡혀 있지 않고 혼동하고 있기 때문이었다. 내 머릿속에 회사, 일, 성취, 목표, 취미, 행복, 시간에 대한 생각들이 정리되지 않은 채로 뒤죽박죽 섞여 있다는 것을 알게 되었다. 생산적 활동과 비생산적 활동의 경계가 모호하고 "직장생활"에 대한 명확한 개념도 없었다.

그냥 남들이 회사를 다니니까 나도 다니고 먹고살기 위해 회사를 다니고 있는 꼴이었다. "노동과 놀이"의 개념을 잡고 보니 직장생활에 대한 생각이 어느 정도 머릿속이 정리가 되었다.

나와 비슷한 고민을 하고 있는 직장인들을 위해서 하위징아의 "노동과 놀이" 개념을 잠시 이야기해 보겠다. 직장생활의 기본개념은 사실 여기서부터 출발해야 하니까.

암벽등반이 취미인 남자가 주말을 이용해 암벽을 오르고 있다. 즐거울까? 괴로울까? 당연히 즐거울 것이다.

근데 만약 당신이 회사 워크숍을 갔는데 회사 인사팀에서 극기훈련을 한다고 암벽에 매달아 놓고 암벽등반을 마친 사람만 집에 갈 수 있다고 엄포를 놓고 있다. 당신은 어쩔 수 없이 암벽에 올라야 하는 상황이다. 그럼 당신은 암벽 오르는 것이 즐거울까? 괴로울까? 아마 괴로울 것이다. 똑같이 암벽을 오르는데 누구는 즐겁고, 누구는 괴롭다. 둘의 차이가 뭘까? 암벽등반이 취미인 남자는 놀이로 즐기고 있기 때문에 즐겁고, 회사 워크숍에서 극기 훈련 중인 당신은 노동을 하기 때문에 괴로운 것이다. 이것이 노동과 놀이의 차이이다.

노동과 놀이를 구분 짓는 것은 아주 간단하다. 목적과 수단이 같으면 놀이이고, 목적과 수단이 다르면 노동이다.

암벽등반이 취미인 남자는 암벽 오르는 게 좋아서 암벽을 오른다. 목적과 수단이 같다. 그러니까 놀이로 즐기고 있는 것이다. 당신은 회사 인사팀에서 시켜서 어쩔 수 없이 집에 갈 목적으로 암벽을 오른다. 목적과 수단이 다르다. 그럼 노동이 되는 것이다.

놀이는 즐겁지만 노동은 괴롭고 힘이 든다. 그래서 우리가 괴로운 것이다. 암벽 타는 행위가 노동이 되었기 때문에.

그렇다면 생각해 보자. 회사에서 회식을 한다. 회식은 노동인가? 놀이인가? 기업에 강연을 가면 꼭 물어보는 질문이다. 대다수의 직원들은 목적과 수단에 대한 설명을 듣고 곧바로 정의 내린다. "회식은 노동"이라고. 특히 국내 굴지의 대기업 모 계열사 직원들은 "회식은 노동"이라고 강의장이 떠내려갈 정도로 함성에 가까운 합창을 하였다. 잠시나마 그들은 누군가에게 저항한 것이다. 그들의 저항정신에 박수를 보낸다.

이들과 마찬가지로 대다수의 직원들은 "회식은 노동"이라고 대답한다. 하지만 간혹 "회식은 놀이"라고 대답하는 사람도 있다. 누구냐 하면 바로 그 회사의 술 좋아하는 "부장"이다(하여간 진상들이다).

그렇다. 회식은 사람에 따라 다르다. 부장이 술을 좋아한다. 팀원들 다 모아놓고 폭탄주를 한 잔씩 돌린다. 폭탄주가 좋아서 폭탄주를 마신다. 목적과 수단이 같다. 부장은 놀이다. 그래서 부장이 회식을 좋아하는 것이다(하여간 진상이다). 당신은 어떤가? 폭탄주 안 마시고 회식 빠지면 찍힐까 봐 어쩔 수 없이 참석한다. 목적과 수단이 다르니까 당신은 노동이다.

하위징아 주장의 핵심은 이것이다.

"인간의 본질은 놀이이다. 놀아야 행복하고 인간의 어떤 행위가 놀이가 되기 위해서는 반드시 인간의 자율성이 전제되어야 한다. 즉, 자발적 행위라야 놀이가 될 수 있다."

다시 말해 놀이는 자율성이 기본이고 어떤 행위라도 명령, 통제, 기한이 있으면 놀이가 될 수 없다는 것이다. 자율성이 없으니까. 그렇다면 우리가 다니고 있는 회사는 어떤가?

조직이 있고, 상하관계가 있고, 정해진 시간이 있고, 실적과 목표가 있다. 언제까지 출근해서 어떻게 일해야 한다는 규칙이 있다. 다른 말로 바꾸면 명령, 통제, 기한이 있다. 결국 직장인들은 회사에서 놀이가 아니라 기본적으로 노동을 할 수밖에 없는 구조인 것이다. 노동은 즐겁지 않은 것이기 때문에 우리가 회사에서 일하는 게 즐겁지 않고 행복하지 않은 것은 아주 당연한 것이다.

그런데 언론이나 인터넷 읽어보면 즐기면서 일을 해야 된다고 하고 수많은 명사, 멘토들도 하나같이 하는 말이 즐기면서 일을 하라고 한다. 근데 나는 지금 회사 일을 즐기면서 하는 것 같지 않고, '이 일이 나랑 안 맞나?' '내가 끈기가 부족해서 못 즐기는 건가?' 이런 고민이 들고, 일을 즐기지 못하는 나는 경쟁에 뒤처진 사람처럼 느껴지지 않던가? 다시 한번 확실하게 이야기해 주겠다.

"전혀 그렇게 생각할 필요가 없다"고.

내가 좋아하는 일을 하면서 살면 행복할 것이라는 '내가 좋아하는 일'에 대한 환상

정리되어 있지 않은 생각의 조각들을 모아 깔끔하게 정리하자면 회사에서 일하고 있는 우리는 노동을 하고 있는데, 주변에서 자꾸 놀이로 즐기라고 하니까 놀이로 즐겨야 될 것 같은데 그게 잘되지 않으니까 혼란스러운 것이다.

좀 전에도 언급하였다시피 자율성이 없이 명령, 통제, 기한이 있으면 놀이가 아니고 노동이다. 근데 우리는 자꾸 노동하는 시간에 놀이를 찾으면서 '이게 난 왜 안 되지?'라고 혼란스러워 하는 것이다. 노동은 신성하고 소중하다는 속성도 있지만 기본적으로는 돈을 버는 수단이다. 즐겁고 행복한 행위는 아니라는 거다.

이 사실부터 명확하게 이해해야 한다.

야근, 출근, 실적, 팀장, 워크숍

위의 공통점이 무엇일까? 바로 '돈을 번다.'라는 것이다.

여행, 맛집, 데이트, 취미생활

위의 공통점은 '돈을 쓴다.'라는 것이다.

돈이라는 것을 남이 필요한 일을 내가 해줄 때 벌린다. 내가 너무 하고 싶고 행복한 일은 돈을 벌기보다 써야 할 때가 대부분이다. 이게 인생의 기본 상식 아니던가? 정확히 말하면 자본주의 체제의 기본 상식이다. 자본주의 체제에서는 소비할 때 행복하다. 자본주의가 그렇게 만들었고 우리는 순응을 넘어 매우 열광하고 있다. 그래서 우리가 계속 돈을 벌려고 하는 것이다.

그렇기 때문에 회사에서 일하는 게 즐겁지 않다고 행복하지 않다고 고민할 필요가 없는 것을 이야기하고 싶다. 직장생활은 기본적으로 돈을 버는 행위 "노동"인 것이다. 불편하지만 사실이다. 그렇기 때문에 즐겁고 행복하지 않은 것이 당연한 것이다. 하지만 우리는 회사에서 일을 하면서 그 일을 통해 또는 회사에서 일하는 시간에 행복을 추구하려 한다.

이것은 "노동과 놀이"를 일치시키고 싶어 하는 것인데 직장생활은 "노동"이기 때문에 회사에서 일하면서 행복을 느끼기는 어렵다.

물론, 일 자체가 즐거운 사람도 있다. 자신의 "즐거움"을 통해 돈을 버는 사람들.
물론 여기에도 까다로운 조건이 붙는다. 세상사 쉬운 것이 없다.

일을 하는 과정에 명령, 통제, 기한이 없어야 하고, 자신이 좋아하는 일이면서 동시에 타인과의 관계가 별로 개입되지 않아야 하고, 자신이 작업을 진행함에 있어 누구의 간섭도 받지 않고 독자적으로 할 수 있어야 하고, 돈이 목적이 아니어야 한다(근데 이건 사실 불가능하다. 돈이 목적이 되면 목적과 수단이 분리되면서 노동이 된다).

소위 "노동과 놀이"가 일치하는 사람들. 이를테면 예술 하시는 분들 정도 되겠다(그렇다고 그들이 우리 직장인들보다 더 행복하다는 것은 아니다. 잘나가는 몇몇 작가들 외에 대다수가 경제적 어려움을 겪는다. 어렸을 적 예술을 하는 삶을 꿈꾸던 당신도 경제적 어려움이 두려워서 지금의 삶을 선택한 것이 아니었던가? 인생이 그런 것 같다. 하나를 가지면 어느 하나는 포기해야 하는 것. 양손에 떡을 쥘 수는 없는 것이 우리네 인생인 것 같다).

하지만 직장인들은 예술을 하는 사람들이 아니다. "노동과 놀이"가 일치할 수 없는 사람들이다. 우리에게 직장생활은 "노동"이고 우리는 "놀이"할 때 행복하다. 직장생활에 대한 개념 정립은 여기서부터 출발해야 한다.

직장생활이 힘들다. 회사에서 일하는 것이 행복하지 않은 당신에게 이렇게 말해주고 싶다.
당신은 지극히 정상이라고.

일의 본질은 "힘들다."이다.

여기서 우리는 두 가지 사실을 알 수 있다.
첫 번째 사실은 위로가 될지는 모르겠지만 직장생활이 나만 힘든 건 아니라는 거다. 돈을 버는 과정은 누구나 힘들다. 누구나 같은 입장이다. 즐기면서 행복하게 일하는 사람은 없다는 거다. 너무 즐겁고 행복하면 돈을 받는 게 아니라 내가 돈을 내야지.

두 번째 사실은 "나 잘하고 있다."라는 거다. 매일 지옥철에 시달리며 출퇴근해야 하고 실적도 내야 하고 꼴 보기 싫은 사람과도 일해야 한다. 이런 힘든 현실에서도 나 꿋꿋하게 일 잘하고 있지 않은가? 참 고생하고 있다. 고생하고 있는 나 자신에서 위로와 칭찬 좀 해줘라.

"나, 정말 잘하고 있다고."

직장생활은 노동이고 일의 본질은 "힘들다."라는 사실을 이해해야 역설적으로 지금 내가 하고 있는 일을 소중히 여기고 사랑할 수 있다. 왜냐하면 일의 본질은 "힘들다." 외에 또 다른 본질이 있기 때문이다.

정확히 이야기하면 일의 본질 중에 하나가 "힘들다."이고 또 다른 중요한 본질이 있다는 거다. 그것이 무엇인지 이번 Part 2 글 중 「내가 하고 있는 일에 "의미"를 부여한다」 부분을 읽어보자. 직장생활을 한다는 것, 일을 한다는 것이 어떤 개념인지 정확히 이해할 수 있다.

이것은 굉장히 중요한 일이다. 왜냐하면 내가 일을 하는 이유를 완벽하게 이해해야 진정으로 내 일을 사랑할 수 있고, 내 삶의 시간을 의미 있는 시간으로 채워나갈 수 있기 때문이다.

먹고살기 위해 내가 좋아하는 일을

선택하지 않았다는 후회에 관한 고찰

행복한 먹고사니즘에 대한 환상

최근 의도치 않게 이메일을 통해 직장인들의 고민 상담을 해주고 있다. 대부분 나와 일면식도 없는 분들인데 이메일을 통해 초면에 심각한 질문을 해온다. 재밌는 건 질문이 복사한 것처럼 비슷하단 특징이 있다는 점이다.

가장 많이 받는 질문 중 하나가 하고 싶은 일을 못 찾아서 생기는 고민이다. 현재 직장생활에 큰 불만은 없지만, 정말 하고 싶은 일은 따로 있다. 어떻게 하면 좋을까에 대한 질문이다.

직장을 때려칠 용기는 없고 내가 하고 싶은 일은 하고 싶고. 뭐 이런 거다.

인생 한 번뿐인데 내가 용기가 없어서 도전을 못 하는 건지 안정된 직장을 때려치고 내가 하고 싶은 일에 도전하는 일이 무모한 건지에 대한 대답을 듣고 싶은 거다.

그렇다면 고민의 방향을 살짝 바꿔 근본적인 질문을 한번 해보자. 내가 하고 싶은 일을 하면 행복할까? 사실 우리가 하고 싶은 일을 직업으로 삼고 싶은 이유는 이 책에서도 언급했지만 좀 더 행복하고 싶어서다. 행복의 총량을 늘리고 싶은 거다. 우리는 지독할 정도의 행복 지향자들이니까. 근데 내가 하고 싶은 일을 한다고 과연 내가 좀 더 행복해질 수 있을까?

먹고살기 위해 내가 좋아하는 일을
선택하지 않았다는 후회에 관한 고찰

직장생활이 힘들고 지칠 때마다 이런 생각을 한 적이 있을 것이다. 내가 좋아하는 일을 하면서 행복하게 살아야 하는데 먹고살기 위해 비겁하게 내가 좋아하는 일을 선택하지 않았다는 후회, 미련? 나에 대한 죄책감? 이런 것들이 머릿속에 있다. 내가 좋아하는 일을 선택했어야 했나? 그랬으면 행복했을 것 같은데…

이처럼 직장인들은 내가 좋아하는 일을 하면서 살면 행복할 것이라는 "내가 좋아하는 일"에 대한 환상을 갖고 있다. 확실히 이야기하겠다. 앞에서 잠깐 언급했다시피 내가 아무리 좋아하는 일도 이것이 회사라는 조직에서 명령과 통제, 지시가 있으면 즐겁지 않게 된다. 노동이 놀이가 되긴 어려워도 놀이가 노동이 되는 건 쉽다. 예를 들어보겠다.

프로야구 선수인 K 선수는 몇 년 전에 80억을 받고 L 구단에서 S 구단으로 이적을 했다. 이적 첫해 성적에 대한 부담감이 있었는지 성적이 좋지 못했다. 주변에서 위로한답시고 이런 조언들을 했다고 한다 "마음 편하게 야구를 좀 즐겨. 초심으로 돌아가서, 원래 야구 좋아했었잖아." 원래 주변에 이런 도움 1도 안 되는 조언을 하는 오지랖 넓은 사람들이 꼭 있다. 짜증 나게. K 선수는 생각보다 철학적인 선수였다. 이렇게 답했다고 한다.

"즐길 수 있냐고. 야구장에 매일 나가야 하고, 좋은 성적을 내야 하고, 팬들의 기대에 부응해야 하는데."

그렇다. K 선수는 그 당시 야구를 즐기기 어려웠을 것이다. 왜냐하면 돈을 벌기 위해 야구를 하고 있기 때문이다. 돈을 벌기 위해 야구를 한다. 목적과 수단이 분리가 됐다. 한마디로 "노동"하고 있기 때문에 야구를 온전히 즐기기는 어렵다. K 선수가 야구를 다시 즐길 수 있는 방법이 있다. 은퇴 후 자기 돈 내고 사회인 야구를 하면 된다. 그러면 어렸을 적으로 돌아가서 진심으로 야구를 즐기면서 할 수 있다.

"야구가 좋아서 야구를 한다." 목적과 수단이 일치한다. 놀이를 하게 되기 때문에 야구를 즐기게 되는 것이다. 필자도 취미가 사회인 야구이다. 사회인 야구를 하다 보면 야구선수를 하다가 은퇴해서 사회인 야구를 하는 선수들이 많다. 그것도 너무나 즐겁게 진심으로.

선수 시절에는 야구 하기 싫었단다(노동이었으니까 너무 당연하다). 근데 지금은 너무 즐겁단다(지금은 놀이니까 너무 당연하다).

여기서 정리해 보자. 내가 좋아하는 일이건 하고 싶은 일이건 어떤 일이건 돈을 버는 행위이다. 근데 그 어떤 경우에도 돈이 걸리면 돈이 목적이 된다. 일반화시키는 건 아니지만 대부분의 사람들은 그렇다. 왜냐하면 돈을 벌면 "행복하니까."

내가 하고 싶은 일이, 좋아하는 일이 돈을 벌기 위한 수단, 즉 노동이 된다. 놀이는 즐겁지만, 노동은 힘들다. 내가 하고 싶은 일이 노동이 되었는데 그 일을 하면서 과연 행복할까?

금이 없는 곳에서 금을 찾겠다고 죽어라 땅을 파고 있는 사람들

현대 직장인들의 가장 큰 문제가 노동과 놀이를 혼동한다는 것이다. 명확한 개념도 없고 뒤죽박죽 섞여 있다. 직장생활은 기본적으로 노동이다. 노동하는 시간은 놀이하는 시간이 아니다. 재미있고 행복한 시간은 아니라는 거다. 재미와 행복이 거의 없는 노동에서 행복을 찾으려고 하니까 마음이 안정되지 못하고 여기저기 헤매고 다니는 거다.

당신이 일에서, 노동에서 행복을 찾으려고 생각하는 것은 세 가지 이유가 있다.

첫 번째로 현대인들은 행복 지향자이기 때문에 늘 행복하고 싶어 하기 때문이다. 내 삶의 가장 많은 시간을 차지하고 있는 시간은 일하는 시간인데 이 시간이 행복해야 한다는 생각이다. 앞에서 많이 언급했다. 금이 없는 곳에서 금을 찾겠다고 죽어라 땅을 파고 있는 사람들이다.

두 번째로 그렇게 생각하도록 계속 교육을 받아서 학습된 것이다. 우리 한국인들은 아주 어릴 적부터 일이 최우선이라고 교육받는다. 일은 즐거워야 하고, 일을 할 때는 행복해야 하고, 일이 인생에서 가장 중요한 것이라고 산업화 세력이 만든 논리로 끊임없이 교육을 받았다.

그래서 우리나라 사람들은 논다고 하면 뭔가 죄책감을 느낀다. 내 행복을 일에서 찾아야 한다고 배웠기 때문이다. 그런 영향으로 아주 가끔 재미있게 놀고도 뒷맛이 개운치 않다. 이런 생각이 드는 거지. "내가 지금 이렇게 놀아도 되나? 이 시간에도 열심히 일하는 사람들 있을 텐데, 자기계발 하는 사람 있을 텐데. 나만 뒤처지는 게 아닐까?" 놀면서도 불안해한다. 그리고 시간을 낭비했다고 생각하고 재밌게 논 자기 자신을 한심하게 생각한다.

그래서 대부분의 우리나라 사람들은 지속적으로 즐기는 자기만의 놀이가 없다. 이것이 우리가 노동에서 행복을 찾는 두 번째 이유이기도 하다. 남들과 경쟁해야 하고, 남들보다 앞서가야 한다는 우리의 강박관념이 우리 삶에서 놀이를 없애버린 것이다. 그러니까 우리 삶에 즐거운 놀이는 없고 노동만 남아 있는 거다.

그런데 인간은 본능적으로 끊임없이 행복을 추구하는 존재이다. 행복을 추구해야 하는데 우리 삶에 놀이가 없으니까 일에서, 노동에서 행복을 찾으려고 하는 거다. 잘될 리가 없다. 금이 없는 곳에서 금을 찾겠다고 죽어라 땅을 파고 있는 상황인 거지.

우리가 살면서 잘못 생각하고 있는 것 중의 하나가 우리는 행복을 꼭 일에서만 찾으려고 한다는 것이다. 근본적인 것부터 한번 생각해 보자. 우리는 재미있게 행복하려고 사는 거 아닌가?

그렇다면 난 언제 행복한가? 노동할 때 행복한가? 일요일 저녁에 "아 이제 하룻밤만 자면 출근이다. 완전 기대돼." 이런 사람은 없다. 내가 진짜 하고 싶은 거, 하면 즐거운 거, 가슴 떨리는 거, 이걸 하면 내가 막 행복해, 뭐 이런 게 있지 않은가? 이것을 할 때 인간은 행복하다고 느끼고 이것이 놀이라는 것이다.

이게 바로 하위징아가 이야기하는 호모루벤스, "놀이하는 인간"이다. 한마디로 사람은 놀이할 때 행복하니까 좀 놀아야 된다는 거다. 여기서 오해 금지. 놀이할 때 행복하다고 항상 놀 수는 없다. 항상 놀면 백수다. 사람이 일을 해야지. 일을 해야 놀이할 자격이 생기는 거다. 행복할 권리가 생기는 거지.

여기서 또 하나 오해 금지. 그렇다면 노동하는 시간은 놀이를 하기 위해 치르는 행복의 비용 같은 시간이야? 직장생활은 노동하는 시간이니까, 행복이 거의 없는 곳이니까 놀이하는 시간을 위해 그냥 참고 버텨야 하는 시간이야? 이런 의문을 품을 수 있다.

그건 아니다. 일은 정말 소중한 행위이다. 단순하게 돈만 버는 수단이 아니다. 당신이 일을 돈만 버는 수단으로 생각한다면 일은 더욱 힘들어진다. 일이 힘든데 행복한 삶을 살 수 있을까(다시 돌아왔다. 그래서 당신이 좋아하는 일에 대한 환상이 있는 거다. 금이 없는 곳에서 금을 찾겠다고 죽어라 땅을 파고 있는 사람들)? 행복하게 살 수 없지.

그렇다면 일의 본질은 무엇일까? 일에 대한 생각을 다음 장에서 정리해 보겠다.

내가 하고 있는 일에

"의미"를 부여한다

월급 루팡이 개이득이라고?
/ 크로노스 vs 카이로스의 시간

내가 하위징아의 철학을 통해 "직장생활은 기본적으로 노동이
다, 일의 본질은 힘들다."라고 말하면 이렇게 반문하는 사람들이
있다. "그럼 회사에서 일하는 시간은 노동하는 시간이니까 그냥
참고 버티라는 거냐? 돈 벌려면 참아야 한다는 논리인가?"

그건 절대 아니다. 일의 본질이 힘들다는 사실을 이야기하는 이
유는 일의 본질이 힘들다란 사실 자체를 이해해야 역설적으로 내
가 지금 하고 있는 일을 소중하게 생각하고 사랑할 수 있기 때문
이다.

앞에서도 많이 언급했지만 우리는 행복 지향자들이기 때문에 지금 내가 하고 있는 일이 행복하지 않으면 내 삶의 방향이 잘못된 것은 아닐까 끊임없이 의심한다.

게다가 산업화 세력으로부터 "일을 즐겨라."라고 끊임없이 가스라이팅을 당하고 있지 않은가? 소심한 우리는 "난 일을 못 즐기는데 이 일이 나랑 안 맞나? 내가 잘못된 건가?"라며 잘못된 삶의 방향인 것 같은데 퇴사하지 못하고 주저하는 스스로를 용기 없다고 자책하며 지속적인 자기검열을 하고 있지 않은가.

일을 즐겨야 한다고 강조하는 사람에게 이렇게 말하고 싶다. 너나 즐기라고. 내가 지금 하고 있는 일은 돈을 버는 수단이기 때문에 즐기기는 어렵다. 근데 즐기지 못한다고 내가 하고 있는 일이 나에게 맞지 않거나 내가 잘 못 살고 있는 것은 아니라는 거다.

일의 본질은 "힘들다."이다. 일을 즐기기는 어렵다. 일은 즐겨야 하는 것이 아니라 스스로 내가 하고 있는 일에 의미를 부여하는 것이다. 그 의미가 개인마다 다르고 여러 가지일 수 있겠다. 흔히 이야기하는 성취감이 될 수도 있고 보람이 될 수도 있다. 인정받고 싶은 욕구의 충족이 될 수도 있다.

공직자라면 사명감이 될 수도 있다. 소명 의식이 될 수도 있고 다른 사람들에게 즐거움을 주는 일이 될 수도 있다. 정말 다양한 의미가 있을 수 있다.

〈다큐멘터리 3일〉이란 프로그램에서 어떤 버스 노선을 주제로 3일간 촬영한 방송을 본 적이 있다. 새벽 첫차가 만원 버스일 정도로 사람들이 많다는 사실에 놀랐다. 주로 빌딩을 청소하시는 분들, 노동을 하시는 분들이 버스를 이용하고 계셨다. 버스 안에 계신 분들, 버스 운전사, 청소부, 노동자들이 각각 돈을 벌기 위해 새벽부터 일을 하러 나가는 건 맞다.

하지만 각자의 위치에서 일의 의미를 부여해 보는 거다. 버스 운전사는 새벽 시간의 사람들의 이동을 돕는 고마운 역할을 한다. 청소하시는 분들은 사람들이 이용하는 다양한 공간을 깨끗한 장소로 만드는 역할을 하고 있다. 보이지 않는 곳에서 사람들을 돕는 역할들을 하고 계신 것이다. 건설 노동자들은 누군가에게 따뜻한 보금자리가 될 집을 짓고 있다.

각자의 자리에서 자신의 역할에 충실하면서 스스로 일의 의미를 부여하는 것이다. 자부심을 느끼며 소명 의식을 갖고 일을 하는 거다. 삶이, 내 삶이 긍정적이지 않은가?

나의 경우 기업이나 공공기관에서 강연 요청을 받아 강연을 하게 되면 많은 준비를 한다.

일단 기본적으로 두 시간 강의에 PPT만 200장이 넘는다. 그 200장이 일반 PPT가 아니다. 내 강연을 들은 사람은 알겠지만 PPT 한 장 한 장 정성스러운 일러스트가 들어가 있고(내가 그린 것은 아니고 전문 작가님의 작품이다) 그 일러스트에 맞는 분위기의 음악이 편집되어 들어가 있다. 음악이 있는 인문학 콘서트라는 강연 제목이 그냥 있는 게 아니다. 누가 그러더라. 뭐 그렇게 열심히 준비를 하냐고. 그런다고 돈을 더 주는 것도 아니고 매번 하는 강의 그냥 하고 오면 되지.

맞다. 내가 열정적으로 준비한다고 해서 주최 측에서 돈을 더 주지 않는다(좀 아쉽긴 하다). 근데 왜 그렇게 열심히 준비를 하냐면 좀 더 완성도가 높은 강연을 하고 싶기 때문이다. 완성도가 높은 강연을 하게 되면 강연을 듣는 청중들과 강연자인 내가 서로 좀 더 마음으로 연결될 수 있다.

그들을 따뜻하게 위로하고 동기부여 해주고 즐겁게 해주는 게 강연자인 나의 역할이고, 나의 즐거움이고, 나의 보람이다. 내가 돈을 버는 목적 외에 일을 하는 이유이다. 나 나름대로 사회에 공헌하는 소명 의식이다.

일의 의미를 가지고 일을 한다고 "누가 알아주는 것도 아니고 돈이 더 벌리지는 않는다. 괜히 쓸데없는 짓이다."라고 말하는 사람들에게 이렇게 이야기해 주고 싶다. 맞다. 돈이 더 벌리진 않는다. 지금 당장은. 하지만 내가 하고 있는 일에 의미를 부여하고 이를 통해 열정과 자부심을 갖고 일을 한다면 나도 모르게 조금씩 성장하게 된다.

내가 성장하고 있다는 것은 나만의 무형 자산이 쌓여가고 있음을 뜻한다. 실력, 전문성, 커리어, 나만의 콘텐츠, 업계 평판 같은 것들이다.

하나같이 돈이 많이 되는 소중한 나만의 자산이다. 돈을 많이 벌면 소비를 늘릴 수 있고 행복의 총량이 늘어난다. 행복 지향자인 우리가 좀 더 행복해지는 것이다(앞에서 언급한 폴 사무엘슨의 행복방정식 참고). 바람직한 삶의 방향 아니던가?

결국 내가 하고 있는 일에 의미를 부여하고 열정적으로 내 일을 한다는 것은 지금 당장은 나에게 돈이 되지 않지만 길게 보면 나의 더 큰 이익이 되는 것이다.

결국 직장생활의 본질은 돈을 버는 행위임과 동시에 해당 업무의 전문가로서 성장하는 과정임을 알아야 한다.

월급 루팡이 개이득이라고?

월급 루팡을 꿈꾸는 직장인들이 많다. 어차피 출근해서 정해진 시간을 때우면 월급은 나오니까 최대한 일은 안 하고 월급을 받으면 내가 이익이다. 이런 생각이다.

월급 루팡은 내가 이익이 아니라 내가 완전 손해이다. 왜냐하면 일단 다시 오지 않는 소중한 내 시간을 아무 의미 없이 그냥 흘려보낸다(갓생이라며?). 내가 성장하면서 내 미래를 위해 무형 자산을 쌓아야 하는 시간인데 의미 없이 보냄으로써 성장할 기회를 놓쳤다. 실력, 전문성, 커리어, 나만의 콘텐츠, 업계 평판 어느 것 하나 쌓은 게 없다.

게다가 결정적인 사실 하나. 직장인들은 앞으로 최소 20~30년 직장생활을 하게 된다. 아니 해야 한다(그 이유는 PART 5 참고). 그렇다면 말이다, 아무 의미 없는, 단순하게 돈만 버는 "노동"을 하면서 내가 깨어 있는 대부분의 시간을 의미 없이 보낸다면 내 삶이 너무 슬프지 않은가?

오늘부터 내가 하고 있는 일에 의미를 부여하고 내 삶의 시간을 노동이 아닌 의미 있는 시간으로 채우는 거다.

#성취감, #보람 #사명감 #희생정신,# 소명 의식, #타인에게 즐거움을 주기, #실력, #전문성, #커리어, #나만의 콘텐츠, #업계 평판

내가 하고 있는 일에 의미를 부여함으로써 내 삶의 시간을 의미 있는 시간, 전문가로서 성장하는 시간으로 채우는 거다. 생각만 해도 뿌듯하고 든든하지 않은가?

짧지 않은 인생을 살면서 하나 깨달은 게 있다. 우리 인생은 저축과 같은 것이라는 사실이다. 조금씩 쌓아가는 것이다. 직장인들은 하루하루 아주 조금씩 쌓아간다. 너무 조금이라서 내가 쌓아가고 있다는 사실 자체를 인지하지 못한다. 하지만 세월이 5년, 10

년, 20년, 30년, 성실하게 조금씩 쌓아가다 보면 어느 순간 내가 꽹장히 많이 쌓아놓았다는 사실을 문득 깨닫게 된다. 나도 모르는 사이 전문가로서 훌쩍 성장한 것이다.

크로노스 VS 카이로스

고대 그리스 사람들은 시간의 단위를 두 개의 단위로 나눠서 사용했다. 크로노스와 카이로스의 시간이다.

크로노스의 시간은 객관적 시간, 정량적 개념의 시간이다. 하루 24시간, 일주일에 168시간, 1년에 8,760시간. 일정하게 정해진 시간의 개념으로 누구에게나 공평하게 주어지는 시간을 뜻한다.

카이로스의 시간은 주관적 시간이다. 기계적 시간의 단위가 아닌 개인이 "의미를 부여할 수 있는 시간"이라 할 수 있다

쉽게 이야기해서 크로노스의 시간은 일상적으로 의미 없이 지나가는 시간이고 카이로스의 시간은 의미 있게 보내는 시간이다. 직장생활의 시간을 크로노스의 시간으로만 보내는 사람들이 있다.

대충 시간만 때우면 월급 나오니까 최대한 일을 덜 하자는 사람들. 개인적으로 얼마나 큰 손해인지 위의 월급 루팡에 대한 내용을 참고하면 되겠다.

직장생활의 시간을 카이로스의 시간으로 보내는 사람들이 있다. 자신의 일에 의미를 부여하고 성취감과 보람을 느끼며 하루하루 조금씩 성장하는 사람들.

크로노스의 시간을 보내고 있는 사람과 카이로스의 시간을 보내는 사람의 차이는 당장 크게 나지는 않는다. 하지만 10년 20년 30년 후에는 삶의 결과는 엄청난 차이를 보이게 된다. 우리의 노력을 평가해서 그에 걸맞은 삶을 살게 하는 우리 사회의 보이지 않는 평가 시스템이 생각보다 굉장히 공정하다.

카이로스는 신의 이름이기도 하다. 굉장히 독특한 외모를 갖고 있는데 앞머리는 무성하고 뒷머리는 대머리이다. 그리고 발에 날개가 달려 있다. 그리스 신전에 가면 카이로스 동상이 있다고 한다. 카이로스 동상 아래에는 다음과 같은 글이 적혀 있다고 한다.

내가 앞머리가 무성한 이유는 사람들로 하여금

내가 누구인지 금방 알아채지 못하게 하여
나를 쉽게 붙잡을 수 없도록 하기 위함이고,

뒷머리가 대머리인 이유는 내가 지나가고 나면
나를 붙잡지 못하도록 하기 위함이며,

발에 날개가 달려 있는 이유는
사람들에게 최대한 빨리 사라지기 위함이다.

나의 이름은 "기회의 신"이다.

직장생활의 시간을 크로노스가 아닌 카이로스의 시간으로 채운
다면 우연이 아닌 필연으로 카이로스가 당신을 찾아올 것이다.

좋아하는 일

vs 잘하는 일

돈을 버는 수단을 선택할 때는
철저한 자기 객관화가 필수 조건이다

"네가 진짜로 행복한 일을 해야 해." "네가 정말 하고 싶은 일을 응원해." 종종 우리는 이런 말을 듣곤 한다.

경영학의 아버지 피터 드러커는 이렇게 확고하게 이야기한다.

"당신이 좋아하는 일이 아니라 가장 잘하는 일을 해야 합니다. 왜냐하면 당신이 아무리 좋아하는 일이라도 그 일이 당신이 잘하는 일이 아닐 수 있기 때문입니다."

내 생각도 피터 드러커의 생각과 완벽하게 동일하다. 내가 좋아하는 일이지만 잘하는 일이 아니라면 남들과 경쟁해서 좋은 성과를 내긴 어렵다는 거다. 성과라는 것은 자본주의 체제에서 연봉, 수입의 총액을 뜻한다. 성과가 없으면 돈을 못 번다는 것을 뜻한다. 몇 번 강조하지만 자본주의 체제에서는 소비할 때 행복하다.

성과가 없으면 소비는커녕 생존의 위협을 받게 된다. 인생의 목표가 행복이 아니라 생존이 목표가 되면 삶이 처절해진다. 예를 들어 내가 빵 만드는 것이 좋아서 제빵사가 되었다. 내가 좋아하는 일을 선택한 거다. 제빵사가 되어 있는 돈 없는 돈 영끌해서 동네에 작은 빵집을 열었다. 근데 빵이 맛이 없다…

빵 만드는 일을 좋아하지만 잘하는 일은 아니었다는 거다. 그럼 어떻게 될까? 굳이 언급 안 해도 빵이 맛이 없는 빵집 사장의 비참한 삶은 짐작이 될 것이다. 오지 않는 손님을 기다리며 입구 쪽만 하염없이 바라보면서 하루를 보낼 것이다. 그리고 내일은 은행 이자도 내야 하는데 통장에 잔고는 바닥이다. 이번 달 공과금마저 밀리면 전기도 끊길 판이다.

진짜 답이 없다. 이런 삶이 행복할까?

내가 하고 싶은 일을 하면서 행복할 수 있는 방법이 하나 있긴 하다. 그 일을 남들보다 잘하는 경우다. 어떤 일을 남들보다 잘하고 경쟁력이 탁월하다면 당연히 성과가 좋을 것이고 이는 높은 연봉과 수입으로 연결된다. 돈을 많이 벌 수 있게 되니 소비를 늘릴 수 있으니 행복의 총량이 늘어난다. 욕구 충족도 이루어진다. 사회에서 인정받고 싶은 욕구, 경쟁에서 이기고 싶은 욕구, 남들보다 우월감을 느끼고 싶은 지배 욕구가 충족된다. 욕구가 충족되면 우리는 행복해진다.

내가 하고 싶은 일이니까 좋아하는 일이니까 남들보다 잘할 수 있다고? 그건 막연한 당신 판타지고. 행복 지향자인 당신이 좋아하는 일에 집착하는 건 알겠는데 좋아하는 일이 돈을 버는 수단이 되면 노동이 되고, 좋아하지만 잘하는 일이 아니라면 경쟁에서 도태된다. 이것은 경제적인 문제로 이어질 가능성이 100%이다.

돈을 버는 수단을 선택할 때는 철저한 자기 객관화가 필수 조건이다. 자신에 대한 과대평가는 실패로 가는 지름길이다. 신중해져야 한다. 그리고 냉정해져야 한다.

우리는 돈이 모든 것을 좌우하는 자본주의 체제에서 살고 있기 때문이다.

"

하고 싶은 일이 아니라
내가 잘하는 일이 직업이 되어야 한다.

대가 대학에서 진로에 대한 특강을 할 때 가장 강조하는 것이 바로 "강점 찾기"이다.

유망 직종도 아니고 최신 트렌드도 아니다. 아무리 전망이 좋은 직업이라도 내가 경쟁력이 떨어진다면 그 직종에서 살아남기는 힘들기 때문이다. 내가 하고 싶은 일을 고민하지 말고 지금 당장 내가 잘하는 일이 뭔지 나의 강점이 무엇인지부터 찾아야 한다.

최고의 일타강사 H 강사라고 있다. 왜 강사가 됐냐는 언론 인터뷰 기사를 본 적이 있다.

Q. 왜 강사가 됐나.

A. 대학 가기 전에 수학 교재 집필에 참여하고 과외도 했는데, 그때 내 재능이 가르치는 것이라고 알게 됐다. 미국 대학 재학 중에도 교수님 자제나 한국인 주재원 자녀들을 가르쳤고 한 번도 꿈이 바뀐 적이 없었다.

H 강사는 자신의 강점을 일찌감치 깨닫고 가장 현명한 미래 진로 선택을 한 것이다. H 강사는 미국 스탠퍼드대학을 나왔으며 연봉은 200억에 달한다고 한다. 한국에서 스탠퍼드뿐만 아니라 하버드, 버클리, MIT 등 미국 명문대학을 졸업한 사람은 생각보다 많다.

아마도 수십만 명쯤 될 것이다. 근데 연봉 200억인 사람은 거의 없을 것이다(이 대목에서 가끔 돈이면 다냐고 시비를 거는 사람이 있다. 왜 그래 아마추어같이. 돈 많으면 행복하다. 우리 좀 솔직해지자).

그 차이는 어디서 나왔을까? 똑같이 미국 명문대 졸업했는데 말이다. 그 차이는 선택의 질 차이이다. 보통 미국 명문대 나오면 남들 보기 번듯한 교수를 목표로 하는 경우가 많다. H 강사는 오직 자신의 강점에 집중해서 수학 강사를 선택했다. 물론 좋은 선택은 하나 더 있었다. 시대 흐름을 읽고 인터넷을 기반으로 하는 인강 강사로 일을 했던 것이다.

서로 출발점이 같더라도 미래 선택의 질 차이가 이렇게 큰 차이를 만든다. 이제 내가 어떤 일을 하면 행복할까 더 이상 고민하지 말고 내가 잘하는 일이 무엇인지 진지하게 고민해 보고 찾아보자. 그래서 다양한 경험이 중요하다. 이것저것 해보다가 뜻밖에 나의 재능을 발견할 수도 있으니까.

"

인생은 선택의 연속이다.
살면서 몇 번의 좋은 선택,
나쁜 선택이 우리의 삶의 질을 결정한다.

하고 싶은 일이 무엇인지를 고민하면서 의미 없이 내 삶의 시간을 낭비하기보다 내가 잘하는 일이 무엇이고 강점이 무엇인지부터 집요하게 고민하자. 당신의 강점을 찾았으면 강점에 집중하자. 좋아하는 일 하고 싶은 일에 미련을 버리고.

좋아하는 일을 하면서 행복하고 싶은데 무엇을 좋아하는지 잘 모르겠고, 돈은 많이 벌고 싶은데 어떻게 해야 하는지 잘 모르겠고, 좋아하는 일을 하면 잘하지 않을까? 이런 복잡한 내 머릿속을 심플하게 정리해 주겠다. 이렇게 정리해 보자.

잘하는 일을 해서 돈을 많이 벌고, 그 돈으로 좋아하는 일을 해도 되지 않을까?

인생은 선택의 연속이다. 살면서 몇 번의 좋은 선택, 나쁜 선택이 우리의 삶의 질을 결정한다. 그러니까 행복한 삶을 살고 싶다면 좋은 선택을 해야 된다. 지금 당신이 할 수 있는 가장 좋은 선택은 나의 강점, 내가 잘하는 일을 찾고 거기에 집중하는 것이다.

Part 3

스트레스 덜 받으며
직장생활 하는 법

스트레스 덜 받으며

직장생활 하는 법

행복한 직장생활에 대한
환상의 프레임에서 벗어나기

우리 삶의 가장 많은 시간을 보내는 회사에서의 시간은 어떤 시간일까? 즐겁고 행복한 시간일까? 괴롭고 스트레스받는 시간일까? 회사에서 보내는 시간이 즐겁고 행복하다기보다는 직장생활이 재미없고 스트레스받는다는 직장인들이 아마 대다수일 것이다.

직장생활이 행복이라기보다는 불행에 가깝다는 생각을 하는 것이다. 금요일 저녁은 날아갈 듯 행복하지만 일요일 저녁이 되면 세상에서 가장 불행한 사람이 되는 것이 우리 직장인들이다. 사실

이건 당연하기는 하지만 직장생활에 대한 생각의 프레임을 바꿔 보면 조금 덜 스트레스 받으면서 직장생활을 할 수 있다.

"

**먼저 "행복한 직장생활"에 대한
환상의 프레임에서 벗어나는 것이다.**

직장생활을 하면서 스트레스를 적게 받으려면 먼저 "행복한 직장생활"에 대한 환상의 프레임에서 벗어나야 한다. 직장생활은 기본적으로 노동이기 때문에 행복하기 어렵다. 그렇기 때문에 직장생활에 대해 이렇게 한번 생각해 보는 것은 어떨까? 직장생활이 행복이냐 불행이냐 이렇게 너무 이분법적으로 나눠서 구분해서 생각하지 말고 중간지점을 잡아서 목표를 세워보는 것이다.

직장생활은 항상 즐겁고 행복할 수 없으니 마음의 불편함이 적은 편안한 상태에서 직장생활을 하겠다는 목표를 세우면 어떨까? 회사에서 편안한 마음으로 일하게 되면 스트레스도 덜 받고 업무 성과도 올라가게 될 것이다. 사실 이 정도만 돼도 직장생활이 할

만하지 않는가?

예를 들면 이런 상태다. 부장이 부서장 워크숍을 떠나서 부장이 일주일간 없는 거다. 부서 분위기는 모두가 행복한 굉장히 평화로운 상태. 이 정도의 편안한 시간을 늘리는 것을 직장생활의 목표로 세우고 조금씩만 달성해도 직장생활이 훨씬 편안해질 것이다. 직장생활에 대한 기대치는 사실 여기서부터 출발해야 하는 것이다.

"행복한 직장생활"이 아니라 "회사에서 마음이 편안한 상태"

그럼 회사에서 편안한 상태를 늘리기 위해서는 뭐가 가장 중요할까?

첫 번째는 좋은 관계 맺기이다. 회사에서 가장 중요한 환경은 바로 사람들이다. 빅데이터로 직장인들이 직장생활에 대해 갖고 있는 이미지를 SNS에서 분석하면 '스트레스'와 '힘들다.'로 요약된다고 한다.

왜 스트레스가 쌓이고 힘들까? 빅데이터 분석 전문업체인 다음소프트가 트위터 49만여 건과 블로그 167만여 건의 데이터를 분석해 보니, '인간관계'에서 오는 고민이 가장 큰 것으로 나타났다. 그다음으로 언급된 단어가 '업무(일)'인 점을 감안하면, 일하러 직장에 나갔는데 사람 때문에 힘들다는 결론이 나온다.

왜 사람 때문에 힘들다는 고민이 가장 큰 것일까? 한국인들은 아주 어릴 때부터 성적으로 평가받고 사회에 나와서는 성과로 사람의 가치를 평가받는다. 성적과 성과로 사람의 가치를 결정하는 풍토에서 자랐기 때문에 끊임없이 남들과 경쟁해야 했고 그 결과로 우리들은 서로의 존재를 인정하는 법을 배우지 못한 것이다.

그러니 인간관계에 서툴고 인간관계에서 스트레스를 많이 받는 것이다. 그렇다면 우리 직장인들의 가장 큰 고민인 인간관계를 어떻게 하면 개선할 수 있을까? 참고할 만한 조사 결과가 있다.

한 조사 기관에서 직장인을 대상으로 함께 일하고 싶은 상사와 동료의 기준을 조사한 적이 있는데 2000년대에는 함께 일하고 싶은 상사와 동료의 기준이 '능력'이었다고 한다.

하지만 2010년 이후에는 함께 일하고 싶은 상사와 동료의 기준이 '배려'라고 한다.

인간관계의 기본은 내 입장보다 상대방 입장을 먼저 생각하는 상대방에 대한 배려가 핵심이라는 것이다. 따지고 보면 상대방에 대한 배려는 상대방을 위한 것이 아니라 나 자신을 위한 것이라도 할 수 있는 거다. 좋은 인간관계를 통해서 나 자신이 회사에서 편안한 상태가 될 수 있기 때문이다. 그러니까 남이 나에게 호의를 베풀고 배려하기를 기대하지 말고 나부터 내 옆에 있는 동료를 배려해 주고 따뜻한 마음으로 대해야 한다.

회사에서 누군가 분위기를 즐겁게 하려고 노력하면 옆에서 도와주고 동료끼리는 함께 부장 욕하면서 즐겁게 지내야 한다. 물론 내가 아무리 잘해주고 배려해도 나와 안 맞는 사람이 분명히 있을 수 있다. 아무리 조심해도 누군가는 나를 싫어하게 되고 나도 누군가를 싫어하게 될 수밖에 없다. 어떻게 해야 하나?

힘들지만 이 사실을 먼저 받아들이는 자세가 중요하다. 내가 모두를 좋아하지 않는 것처럼 모두가 나를 좋아하지 않는다. 나와 안 맞는 사람이라는 것을 인정하고 그 사람이 나를 싫어하는 것에 상처받지 말아야 한다. 그리고 그 사람과 관계를 좋게 만들기에 노력하기보다 더 나빠지지 않는 정도만 신경 쓰면 된다. 마음에 맞는 동료이건 안 맞는 동료이건 나쁜 관계가 되지 않도록 세심하게 신경을 써서 나 자신이 편안한 직장생활을 보낼 수 있도록 끊임없이 노력해야 한다.

소소하게 삶의 마디를 만들어라

두 번째로는 시간을 일정한 단위로 나눠서 나만의 낙을 만드는 것이다.

예를 들어서 아침, 점심, 저녁, 일주일, 한 달, 이런 식으로 시간을 잘라서 나만의 소소한 '낙'을 만드는 것이다. 그리고 시간을 1년 단위로 다시 쪼개서 나름의 큰 즐거움과 행복을 계획하는 거다. 살면서 소소한 '낙'이라는 것은 직장생활에서 굉장히 중요한 포인트이다. 엄청난 태풍이 불면 커다란 고목도 송두리째 날아간다. 하지만 가느다란 대나무는 태풍에 절대 날아가지 않는다. 왜냐하면 대나무는 마디가 있기 때문에 부러지지 않는 것이다.

우리에게 '낙'은 삶의 마디와 같다. 사람들은 자기가 좋아하고 것이 있으면(낙이 있으면) 아무리 직장생활이 힘들고 스트레스를 받아도 충분히 이겨낼 수 있다. 이 일을 마치면 난 이걸 할 수 있다고 생각할 수 있기 때문이다.

나도 일을 하면서 스트레스를 많이 받을 때가 많다. 그럴 때마다 이렇게 생각한다. '지금 이 일이 굉장한 스트레스지만 이 일이 끝나면 난 해방감에 행복할 수 있다. 그리고 내가 하고 싶은 것을 할 것이고 그러면 난 또 행복할 수 있다.' 이러면서 힘을 내서 일을 한다.

나의 경우를 예를 들면 난 하루에 세 가지 낙이 있다. 일단 아침에 내가 가장 좋아하는 커피를 마신다. 크래커와 함께 즐기면 너무 즐겁다. 아침에 일어나기 싫어도 커피 마시는 낙으로 일어나게 된다.

두 번째 낙은 점심식사이다. 오늘 내가 가장 먹고 싶은 것을 먹는다. 직업 특성상 주로 오전 시간에 정신노동 지식노동을 하는데 맛있는 점심은 이 시간을 견딜 수 있게 해준다. 내가 이 일을 하면 맛있는 점심을 먹을 수 있다고 생각하고 일하는 것이다(혹시 이 글을 읽고 있는 팀장 이상 직장상사가 있다면 이 말 한마디 꼭 해주고 싶다. "그러니까 당신들 맘대로 점심 메뉴 정하지 말라고!").

세 번째 낙은 저녁시간에 집 주변의 공원 산책이다. 하루를 마치고 집 주변의 공원을 산책한다. 조용히 걸으면서 생각을 정리하는 시간이다. 그리고 다시 시간을 일주일로 자른다.

주말에는 사회인 야구를 한다. 꽤 열성적이다. 누가 뭐라 해도 유니폼을 입으면 나는 어엿한 야구선수다. 유니폼을 입고 그라운드에 있으면 난 행복하다. 내가 남자임을 스스로 확인하고 살아있음을 감사하게 느낀다. 그리고 다시 시간을 한 달 단위로 자른다. 한 달에 한 번은 꼭 아웃도어 활동을 한다. 야외로 가서 하고 싶었던 것 계획했던 것을 한다. 주로 바비큐 파티, 캠핑, 등산, 낚시를 한다. 이게 한 달에 한 번의 낙이다.

그리고 시간을 1년으로 자른다. 1년 동안 수고한 나에게 여름휴가를 준다. 해외여행이나 특급호텔 투숙같이 거창하지는 않아도 좋다. 조용한 시골에서 여유롭고 호젓하게 마을 구석구석을 즐긴다. 그리고 시간을 다시 2년, 3년 단위로 잘라서 나만의 계획을 세워서 조금씩 진행시킨다. 대표적인 예가 책을 출간한 것이다.

"

어떤 삶의 프레임을 갖느냐에 따라서 삶은 다른 거다.

당신이 지금까지 커다란 행복만을 추구했다면 이제부터 좀 소소해지자. 내 일생을 큰 기쁨과 큰 행복만으로 다 채울 수는 없으니까 조금씩 소소한 거를 하나하나 찾아나가야 한다. 어떤 것이 나한테 기쁨이고 행복인가를 끊임없이 찾아서 소소한 기쁨과 행복을 늘려나가야 한다.

"어리석은 사람은 정말 조그마한 불행도 현미경처럼 크게 본다."라는 말이 있다.

어떤 삶의 프레임을 갖느냐에 따라서 삶은 다른 거다. 내 인생은 왜 이렇지? 내 인생은 왜 이렇게 지루하지? 왜 이렇게 재미있는 게 없지? 이렇게 부정적인 면에 너무 초점을 맞추면 내가 살아야 할 이유가 없고 난 불행한 것 같지만 어느 누구도 잘 찾아보면 자신이 초점을 맞춘 프레임 밖에 행복들이 많다.

프레임을 좀 넓혀보면 자신을 기쁘게 하는 것들이 보이니까 어떤 일이 주는 이미지나 선입견에 얽매이지 말고 다양한 시도를 해보면서 행복의 프레임을 넓히면서 살면 좋을 것 같다.

과거 고성장 시대였을 때는 재산증식이 삶의 재미였다. 그러나 앞으로 한국경제는 예전과 같은 고성장을 기대하기 어렵다. 저성장 시대에서 살아갈 우리들은 저성장 속에서 새로운 재미를 찾아내야만 한다. 재미있게 살자고 하면 무언가 한눈파는 것과 동일시하는 사람이 지금도 많다. 하지만 우리를 지속 가능하게 하는 것은 큰 행운이나 완벽한 행복이 아니다.

일상에서 소소한 것들이 오히려 우리를 지속 가능하게 해준다. 이성 이야기를 하며 함께 깔깔 웃을 수 있는 친구, 향이 좋은 커피, 너무나 맛있게 먹은 한 끼, 너무나 귀여운 딸아이의 어리광. 이런 사소한 것들이 우리를 절망으로부터 지켜주고 우리를 지속 가능하게 만든다. 우리는 주변의 소소하고 잔잔한 것들을 소중히 여겨야 한다.

고성장 시대에 더욱 부유해지는 것, 더욱 강해지는 것, 더욱 유명해지는 것이 삶의 주된 목표였다면 저성장 시대에는 소소한 것에도 만족을 느끼고 행복하게 사는 것도 삶의 한 목표가 될 수 있다. 작고 소소한 우리 일상에서도 나만의 행복을 찾아보자. 내 삶이 충만해진다.

사람들은 들판에 핀 수많은 세 잎 클로버 중에서 네 잎 클로버를 찾는다. 네 잎 클로버의 꽃말이 행운이기 때문이다. 그런데 세 잎 클로버의 꽃말이 무엇인지 아는가? 바로 '행복'이다.

"행운을 찾아 우리는 오늘도 수많은 행복을 그냥 지나치고 있는 건 아닐까?"

직장에서의 행복은

가능할까?

상황은 바꿀 수 없지만
내 마음은 바꿀 수 있다

대부분의 사람들이 하루 중 가장 많은 시간을 보내는 곳이 바로 직장이다. 그렇다면 직장은 당신에게 기쁨이나 즐거움을 주는 공간인가, 아니면 고통이나 슬픔을 주는 공간인가? 대부분의 경우 직장에는 기쁨과 슬픔이 공존한다. 기쁠 때도 있고 슬플 때도 있을 것이다.

하지만 중요한 점은 직장인들이 직장에서 느끼는 개인의 감정은 거의 타인과의 관계에서 발생한다는 것이다. 혼자 처리해야 하는 업무가 있다면 그냥 혼자 일하면 된다. 혼자 일하는 과정에서 큰 기쁨과 슬픔이 존재하지는 않는다. 하지만 현대 직장인들은 '조직'이라는 공동체 집단 속에서 노동을 하기 때문에 필연적으로 타인과의 관계가 발생하고 직장에서 느끼는 감정도 주로 타인과의 관계에서 발생한다.

타인과의 관계, 마주침에서 발생하는 감정을 이야기하려면 네덜란드의 철학자 스피노자의 이야기를 안 할 수가 없다. 스피노자는 마주침과 그로 인해 발생하는 감정에 대해 흥미 있는 윤리학을 피력했던 철학자로 유명하다. 그는 기존의 윤리학에서처럼 도덕이나 규범을 강조한 것이 아니라, 기쁨과 유쾌함이라는 전혀 새로운 윤리학의 전통을 확립했다. 《에티카》를 통해 인간의 감정에 대한 그의 사유를 들어보자.

스피노자의 기쁨의 윤리학

스피노자에 의하면 우리는 타인과의 마주침을 통해 정신이 큰 변화를 받는다. 이때 자신이 더 완전해진다는 느낌을 받을 수도 있고, 반대로 덜 완전해진다는 느낌을 받을 수도 있다. 쉽게 말해 기분이 좋아질 수도, 나빠질 수도 있는 것이다. 친한 친구나 사랑하는 연인을 만나면 충만감을 느끼는 반면, 싫어하거나 위협적인 사람을 만나면 위축된다.

스피노자는 전자처럼 충만한 느낌을 '기쁨'으로, 후자처럼 위축된 느낌을 '슬픔'이라고 표현한다. 타인과 마주쳤을 때 기쁨을 느낀다면, 그 사람과의 만남을 지속하려 할 것이다. 그와의 만남에서 발생하는 기쁨의 감정이 계속되기를 원하기 때문이다. 반대로 타인과의 만남에서 슬픔의 감정이 느껴진다면 그 사람과의 만남을 지속하지 않고 떠나려고 할 것이다. 슬픔의 감정이 계속되기를 원하는 사람은 없기 때문이다. 이처럼 타인과의 마주침에서 발생하는 감정에 따라 우리의 행동이 달라진다.

한편, 스피노자에게서 인간이 타인과의 마주침을 통해 사유하는 삶의 주체라는 사실을 발견하게 된다. 스피노자에게 삶의 주체란 자신의 삶을 유쾌하고 즐겁게 증진시키려는 의지, 즉 '코나투스'를 가진 주체라고 할 수 있다

스피노자는 인간을 비롯한 모든 사물에는 존재를 유지하려는 경향이 있는데, 이 힘을 '코나투스'라고 불렀다. 중요한 사실은 인

간이나 사물이 가지고 있는 '코나투스'는 불변하는 실체가 아니라는 점이다. 그것은 타인과의 마주침을 통해 증가하거나 감소할 수 있는 매우 역동적인 힘이다.

타인과의 마주침을 통해 기쁨, 쾌감 혹은 유쾌한 감정이 발생했다면 우리는 삶의 에너지가 증가한다는 것을 느낄 때가 있다. 이러한 상태를 스피노자는 '코나투스가 증진'되었다고 표현한다. 스피노자에 따르면, 인간은 살아가면서 필연적으로 코나투스가 증가되는 방향으로 행동하고 실천하게 된다. 이와 같이 코나투스가 증가하는 쪽으로 행동하는 것이 스피노자 윤리학의 핵심이다.

그렇다면 직장생활에서는 코나투스가 증진되는 경우가 많을까, 아니면 감소되는 경우가 많을까? 직장에서 코나투스가 증가하는 사람보다는 감소하는 사람의 비율이 높다는 데 이견을 보이는 사람은 없을 것이다.

실제로 직장생활에서 우울하고 슬픈 감정 상태에 빠지는 경우를 종종 목격하게 된다. 하지만 대다수의 사람들은 이곳에서 벗어나려 하지 않는다.

직장이라는 곳은 감정을 따지기 이전에 생계와 직결된 공간이기 때문이다. 그래서 대부분의 사람들은 자신의 생존이나 가족의 생계를 위해 직장에서의 얻는 슬픔을 묵묵히 감내해 낸다.

스피노자에 의하면 인간은 본능적으로 더 큰 완전성, 기쁨 그리고 쾌활함을 추구하는 존재다. 하지만 현실에서는 기쁨과 행복의 본능을 추구하기보다는 오히려 슬픔과 불행의 상태를 감내하고 있는 경우가 많다. 그렇기 때문에 슬픔을 달래기 위해 퇴근 후에 포장마차에서 소주잔을 기울이는 사람들이 많은지도 모르겠다. 퇴근 후 사람들은 음주·가무를 통해 회사에서 느낀 슬픔과 분노, 서러움 같은 마음의 상처에 일회용 반창고를 붙인다. 그러나 현실과는 동떨어진 술집이나 노래방에서의 일회성 기쁨이 내 삶에 진정한 행복을 가져다줄 리는 만무하다.

'직장' 더 넓게는 자신의 삶에서 만나게 되는 타인과의 마주침, 관계 그리고 그로부터 발생하는 자신의 감정을 회피하지 말고 정면으로 응시해야 한다.

그리고 삶의 현장에서 기쁨과 유쾌함을 지키기 위한 노력을 게을리해서는 안 된다. 이것이 스피노자가 역설했던 '기쁨의 윤리학'

의 핵심이다. 물론 삶에서 잃어버린 행복과 기쁨을 되찾는 일은 결코 쉽지 않다. 그렇기 때문에 스피노자는 《에티카》의 마지막 문장에서 다음과 같이 주장했다.

"모든 고귀한 것은 힘들 뿐만 아니라 드물다."

기쁨의 윤리학을 통해 행복한 삶을 강조했던 스피노자도 행복은 쉽게 찾아오는 것이 아니라고 보았다. 그렇기 때문에 행복을 얻기 위한 노력을 게을리해서는 안 된다는 것이 그의 핵심적인 주장이다. 직장에서 행복하기를 원하는가? 행복을 원한다면 끊임없는 노력과 수고가 필요하다.

연애를 예로 들어보겠다. 이런 사람들이 은근히 많다. 과거 애인에게 큰 상처를 받은 기억이 있어서 상처받을까 봐 두려워 새로운 사랑을 하기가 겁난다는 사람들.

스피노자가 보면 정말 바보 같은 사람들이다.

이런 사람들은 상처는 안 받을 수 있겠지만 가슴 떨리는 사랑은 영원히 할 수 없으므로 사랑을 통해 행복할 수 없는 사람들이다. 인간은 행복하려고 사는 존재이다. 본인이 행복하게 살 수 없는 선택을 했기 때문에 영원히 사랑을 통해서는 행복할 수 없다.

　그럼 도대체 사는 이유가 뭔가? 새로운 사람을 만나 더 큰 상처를 받더라도 끊임없이 사랑을 시도하고 노력해야 한다. 그래야 행복할 수 있기 때문이다. 행복이란 이런 것이다. 어려움과 상처가 있더라도 끊임없이 추구해야 얻을 수 있는 것이다.

　직장에서의 행복도 마찬가지이다. 조직생활은 정해진 구조와 틀속에서만 이루어진다. 회사의 업무, 상사나 동료, 평가방식 등 썩내키지는 않지만 개인이 변화시키기 어려운 부분이 더 많다. 내가통제할 수 있는 것은 일부분에 불과하다. 게다가 우리가 하는 일은 매일 반복되는 일상이기 때문에 일 자체에서 행복을 찾기는 어렵다. 이렇게 내게 주어진 업무와 환경이 만족스럽지 않더라도 현재 내가 하고 있는 일과 주어진 환경의 긍정적인 부분을 발견하도록 끊임없이 노력해야 한다. 자신을 둘러싸고 있는 환경적인 요인은 마음대로 바꿀 수 없지만, 직장생활을 바라보는 자신의 태도만큼은 노력을 통해 얼마든지 선택할 수 있다.

　행복이란 자신의 태도를 긍정적으로 변화시킴으로써 주변 환경을 조금씩 의지대로 변화시켜 나가는 과정에서 얻을 수 있는 것이기도 하다.

❝
자신을 둘러싸고 있는 환경적인 요인은 마음대로
바꿀 수 없지만, 직장생활을 바라보는 자신의 태도만큼은
노력을 통해 얼마든지 선택할 수 있다.

우리는 완벽한 직장생활을 꿈꾸면서 100점 만점에 100점의 행복감을 기대한다. 그리고 이것이 이루어지지 않으면 직장생활은 행복하지 않다고 생각한다. 하지만 이렇게 '전부가 아니면 시작도 하지 않겠다.'라는 완벽주의적 생각에서 벗어나 비록 최고는 아닐지라도 최적의 기준을 가져보자. 행복 아니면 불행이라는 양극단의 흑백논리의 프레임을 좀 넓혀보라는 것이다. 프레임을 넓혀보면 생각보다 직장생활에 긍정적인 요소도 많이 있다. 지나치게 직장생활의 부정적인 측면, 직장상사나 야근, 비합리적인 회사방침 같은 부정적인 측면들만 생각하면서 불행한 직장생활을 하고 있다고 단정 짓지 말고 중립적인 입장에서 긍정적인 면도 찾을 수 있도록 끊임없이 노력해야 한다.

그러면 직장생활이 좀 더 행복해질 수 있을 것이다. 왜냐하면 직장생활은 기본적으로 노동이지만 놀이적인 측면도 어느 정도 존재하기 때문이다. 쉽게 이야기해서 직장생활이 전부 힘든 요소만 있는 것이 아니고 꽤 좋은 요소도 있다는 뜻이다.

예를 한번 들어보자. 월요일 출근길이다. 기분이 어떨까? 기분 아주 드럽지. 완전 개짜증이지. 나 같은 경우는 일요일 점심시간쯤 TV에서 〈출발 비디오 여행〉이 끝나면 급격하게 기분이 나빠졌다. 그렇다면 금요일 퇴근 시간을 떠올려 보자. 기분이 어떤가? 기분 너무 좋지. 날아갈 것 같고 정말 행복하다.

얼마만큼 기분 좋은지 당신의 기분 좋음의 양을 정확하게 정량적으로 측정해서 내가 이야기해 줄 수 있다.

"월요일 내가 출근하면서 힘들었던 만큼, 이번 주 내내 고생하면서 힘들었던 만큼"

딱 그만큼 금요일 퇴근길은 기분 좋고 행복하다. 이게 당신의 금요일 행복 수치의 정확한 측정값이다.

직장생활의 정말 좋은 점은 공정하다는 거다. 내가 힘들었던 만큼, 정확히 그만큼 기분 좋음과 행복감으로 돌려준다. 부정적인 부분만 있는 것이 아니라 긍정적인 부분도 분명 있다는 거다. 우리는 항상 직장생활 하면 야근, 상사, 실적, 스트레스와 같은 부정적인 요소만 떠올린다.

하지만 잘 생각해 보면, 잘 찾아보면, 긍정적인 자세로 살펴보면 직장생활의 긍정적인 부분, 즐거운 요소도 있다는 것을 우리는 이해하게 된다.

❝

상황은 바꿀 수 없지만 내 마음은 바꿀 수 있다.

업무가 그렇게 즐겁지 않더라도 하루 중에는 즐거운 점심시간도 있고 홀가분한 퇴근도 있다. 잘 생각해 보면 출근하기 싫으니까 퇴근이 즐거운 거다. 주중이 있으니까 주말이 즐거운 거다. 간혹 부장이 해외출장이라도 가면 출근하는 마음도 가볍다. 좋은 동료나 친한 동료가 있다면 웃음꽃이 피는 대화도 즐길 수 있다.

월급날은 또 얼마나 즐거운가. 물론 들어왔다가 바로 빠져나가서 문제지만. 아무튼, 즐겁다. 이 모든 게 직장생활을 하기 때문에 얻을 수 있는 즐거움이다. 백수라면 퇴근의 즐거움도 없고, 주말도 큰 의미가 없고, 즐겁게 대화할 수 있는 동료도 없고 월급도 없다. 직장생활도 찾아보면 생각보다 즐거움이 꽤 있다는 거다.

프레임을 넓게 보고 긍정적인 태도를 가지면 나름대로 직장생활도 충분히 즐거울 수 있다.

짧은 인생을 살면서 하나 느낀 것이 있다.

스스로 행복하기로 마음먹은 사람은 점점 더 행복해지고, 그럴 생각을 못 한 채 주변과 자신을 자꾸 비교하고 투덜거리는 사람은 점점 더 불행해지는 경향이 있다는 거다. 행복과 불행은 자기가 만드는 것이지 누가 거저 던져주질 않는다. 아무것도 안 하고 가만히 있는데, 불평만 하면서 살고 있는데 행복이 어느 날 선물처럼 찾아오지 않는다. 그러니까 인생, 항상 긍정적으로 살자. 우린 아직 행복해야 할 날이 훨씬 더 많다.

"우린 아직 미생이니까."

지금 하고 있는 일에서

재미를 발견할 수 있는 방법

어렵지만 일에서도
재미를 한번 찾아보자

과거에 먹고살기 어려워 굶주림을 피하고자 일을 하던 시절에는 일이 재미가 있고 없고 따질 겨를이 없었다. 하지만 소득 수준이 올라간 지금 재미없는 일은 점점 외면을 받는다. 보통의 경우 우리는 일을 할 때 자신이 하는 일의 결과를 직접 눈으로 보고 확인할 수 있을 때 일에 흥미를 느낀다.

예를 들어 주식이나 외환 투자를 담당하는 딜러들은 매일 엄청난 액수의 돈을 잃었다 얻었다 하며 그 액수에 따라 상당한 보너

스가 왔다 갔다 한다. 엄청난 스트레스를 받으면서도 그 일을 계속하는 이유 중 하나는 자신의 실적을 실시간으로 알 수 있고 큰 금액을 거래할 때의 흥분에 중독되어서이다.

하지만 대다수의 평범한 직장인들은 자신이 지금 하는 일이 어떻게 쓰일지 알 수 없는 경우가 많다. 내가 하고 있는 일이 어떤 일에 어떻게 쓰이는지, 내가 하고 있는 일이 회사의 성과에 얼마만큼 기여를 하고 있는지 전혀 알 수 없다면 일은 당연히 재미없어진다. 아이들이 의욕 없이 마지못해 공부하는 이유 중 하나는 도대체 지금 배우는 수없이 많은 과목이 나중에 어떻게 쓰일지 알 수 없기 때문이다.

게다가 회사의 의사결정 구조도 불합리해서 열심히 기획안을 만들었는데 단순히 팀장 마음에 들지 않는다는 이유로 제대로 된 검토도 받지 못하고 휴지통에 버려지는 일을 몇 번 겪다 보면 의욕 상실이다. 내가 거대한 회사라는 기계의 톱니바퀴가 된 것만 같은 느낌이다. 도대체 일에 재미가 없고 일을 즐길 수가 없는 것이다.

성공학을 가르치는 사람들은 일을 즐겨야 성공하고 일을 재미있게 생각하라고 하고 자신은 일을 즐겨서 이렇게 성공했다면서 우리에게 성공신화를 전파한다. 하지만 온종일 콜센터에서 고객의 불평 전화를 상담하거나 물류센터에서 무거운 택배 상자를 밤새 들었다 놨다 하면서 일을 즐길 수 있을까? 즐길 수 없을 것이다.

"

어렵지만 일에서도 재미를 한번 찾아보자.

그렇다면 어떻게 해야 일이 재미있어질 수 있을까? 혹은 어떻게 일에서 재미를 발견할 수 있을까? 같은 일을 해도 지금보다 돈을 더 많이 번다면 신나게 일할 것 같다고들 한다. 그럴 수도 있다. 하지만 금전적 수입이 늘어나서 일하는 재미가 생기는 것은 약발이 오래가지 않는다.

외부적인 보상이 일에 대한 의욕을 올리는 것은 사실이지만 계속 수입이 늘어나지 않는 한 수입 증가로 인해서 일이 즐거워지는 효과는 오래가지 않는다. 일에 재미를 느끼려면 우리 스스로 꾸준히 노력해야 하는데, 몇 가지 포인트를 이야기해 보겠다.

　첫 번째로는 현재 내가 하는 일을 조금이라도 개선할 수 있는 방법을 찾는 것이 일에 재미를 붙이는 방법이 될 수 있다. 개선을 한다고 해서 당장 내 월급이 늘어나지는 않을 것이다. 하지만 내가 뭔가 변화를 주었는데 그것이 결과를 바꾸는 것을 보게 되면 적어도 내가 한 일에 대한 성과를 눈으로 확인해 봄으로써 무기력함에서 벗어날 수 있다. 또 일하는 방식을 바꾸고 새로운 것을 시도하는 것은 지루함을 극복하기 위한 노력이기도 하다.

　우리의 뇌는 항상 새로운 자극을 원한다. 그래서 우리는 새로운 영화를 보고 새로운 음악을 듣는다. 인간은 항상 무엇인가 새로운 것이 있어야 자극을 받고 흥미를 느끼면서 지루한 일상에서 탈출할 수 있다. 마찬가지로 일 또한 신선한 시도를 할 때 일이 조금이라도 재미있어진다.

　또한 개선을 통해 새로운 일들을 하면서 스스로 성장하는 계기를 만들면 과거에는 어려워 보여 먼저 포기했던 일들도 해볼 만한 일이라고 생각이 들고 어려웠던 일에서도 재미를 찾을 수 있게 된다.

두 번째로는 자신이 잘하는 일을 소중하게 여기고 더욱 집중하는 것도 일에 재미를 느끼는 데 좋은 방법이다. 학교나 직장에서 높은 평가를 받는 사람은 그 수가 정해져 있다. 일을 평균 이상으로 잘한다 하더라도 아주 뛰어나지 않은 이상 평균, 즉 보통에 가까운 평가를 받는다. 따라서 우수하다고 평가를 받기 위해서는 최소한 상위 10% 안에는 들어야 하는데 그것은 쉽지 않다. 우리는 보통에 해당할 수밖에 없는 운명이다.

그런데 자신의 실질적 위치가 보통인 경우 직장 안에서는 모두 열등감에 시달리게 된다. 직장에서 내게 주어진 일을 남들에게 우수하다는 평가를 받지 않는 한 설혹 내가 평균에 해당하더라도 무언가 모자란다는 느낌을 받으면서 살게 된다.

그렇게 느끼면서 나 자신을 능력 없는 사람, 못난 사람, 약자와 동일시하는 사람들이 많다. 내심 사람들은 스스로 자신은 부족한 약자라고 생각하면서 살고 있는 것이다. 스포츠에서 우리가 약자를 응원하는 심리도 여기서 비롯되는 것이다. 약자들이 어쩌다 기적과 같은 승리를 일궈냈을 때 사람들이 감동을 하는 이유는 우리 마음속에는 자신을 약자라고 생각하는 본능이 있기 때문이다.

"

우리 중 대다수는 보통에 해당할 수밖에 없는 운명이지만
세상에 하나뿐이 없는 존재이고, 난 소중한 사람이다.

그러나 평범한 사람이라도 누구나 자신이 잘하는 일이나 분야
가 있다. 자신이 자신 있고 잘하는 분야가 중요한 업무가 아니라
사소한 것이라도 그것을 주위 사람에게 인정받는 부분이 있다는
것은 중요하다. 돈벌이가 안 되고 세상이 인정해 줄 정도로 대단
한 일이 아니더라도 말이다. 주변으로부터 인정을 받으면 자존감
이 높아지면서 자신은 소중한 사람이라는 느낌을 갖게 되고 자신
이 하고 있는 일에도 긍지와 보람을 느낄 수 있게 된다. 내가 잘하
지 못하는 분야, 자신의 약점만 생각하지 말고 내가 남들보다 더
잘할 수 있는 분야를 소중하게 여기고 나 자신을 소중하게 여겨야
한다.

"세상에 하나뿐인 나, 난 소중하니까."

지금,

내가 행복하지 않은 이유

욕망과 과시에
눈이 가려진 우리

앞에서 언급했다시피 인간은 기본적으로 놀이를 통해 행복을 추구한다. 하지만 인간은 행복 외에도 다양한 욕구가 있다. 우리 마음속에는 놀이를 통해 행복을 추구하려는 욕구도 있지만 경쟁을 통해서 자신의 우월함을 인정받고자 하는 욕구도 있다. 이건 나쁜 게 아니다.

스님이나 종교적인 분들은 자꾸 욕심을 버리라 하고 뭐를 내려 놓으라고 하는데 모든 걸 내려놓을 수 있는 사람은 이미 지리산에 혼자 들어가서 잘 먹고 잘 살고 있다. 모든 걸 내려놓지 못하니까 도시에 사는 것이다. 그리고 남들과 경쟁해서 이기고 성공하고 남보다 뛰어나려는 욕망, 타인을 지배하고 싶어 하는 욕구가 나쁜 것은 아니다. 인간의 기본 본성 중의 하나이기 때문에 우리는 또 여기에 충실해야 하는 것도 맞다(행복은 욕구가 충족될 때 느낀다는 나의 철저한 욕구중심사고).

인간의 본성은 놀이라고 주장하는 요한 하위징아도 경쟁을 줄일 수는 있지만 없앨 수는 없다고 했다. 인간에 내재한 속성이라고.

하지만 뭐든지 과하면 문제가 생긴다. 한국인들은 너무 여기에만 매달려 있다. 승진, 출세, 자동차, 아파트 크기 등등 끊임없이 자신과 남들을 비교하고 경쟁해서 이기고 싶어 하고 커다란 성취를 통해서만 행복을 느끼려 한다. 그런데 경쟁의 승리 또는 커다란 성취를 통해서만 행복을 느끼려고 하면 우리가 삶에서 느낄 수 있는 행복이 너무 짧고 횟수가 적다.

한번 생각해 보자. 고3 때 당신은 어떤 생각을 했는가? "지금은 힘들지만 대학에 합격만 하면 행복하겠지. 그러니까 열심히 공부하자." 이렇게 생각하지 않았나? 근데 대학에 들어가고 나서 당신이 기대한 대로 행복했는가? 대학에 합격한 기쁨과 행복은 잠시이고 취업이라는 거대한 산이 또 당신을 기다리고 있지 않았는가? 그래서 당신은 대학 시절 내내 죽어라 취업 준비를 했을 것이다. 취업 준비하면서 무슨 생각을 했는가? 취업만 하면 소원이 없겠다, 취업만 하면 행복할 거로 생각하지 않았나?

그런데 지금 취업해서 회사에 다니고 있는 당신, 행복한가? 다시 시작된 생존경쟁, 회사에서 살아남아야 하고, 나의 목표는 또다시 승진이 되지 않았나? 그리고 당신은 지금 이렇게 생각하고 있을 것이다. 이번 인사에서 승진하면 행복할 것 같은데…

이렇게 경쟁의 승리를 통한 행복, 커다란 성취만을 통한 행복만 지향하면 앞으로 당신은 살면서 몇 번이나 행복할 수 있을 것 같나? 승진, 내 집 마련, 고급 외제차 구입, 더 큰 집으로 이사하기. 어림잡아 대여섯 번? 많이 잡아야 열 번 정도일 것이다.

당신이 30대라고 가정하면 100세 시대니까 100살까지 산다고 치면 60년 이상 남은 건데 고작 열 번 행복하려고 그 긴 시간을 사는 건가? 힘들게 노동하면서? 이렇게 노동을 통한 커다란 성취만을 행복으로 생각하면 우리가 살면서 느낄 수 있는 행복의 총량이 너무 적다. 그래서 현대인들의 마음이 혼란스럽고 아픈 거다. 이 것이 우리가 일상에서 자주 소소하게 내가 행복할 수 있는 놀이를 만들어야 하는 이유이기도 하다.

살아 있는 부처라고 불리는 틱낫한 스님은 글솜씨가 뛰어나 여 러 권의 베스트셀러를 집필했다. 그런데 스님의 취미는 소박하게 도 상추 가꾸기였다. 어느 날 스님을 찾아온 미국 경제학 분야의 석학이 상추를 가꾸고 있는 스님에게 이렇게 말했다.

"스님은 뛰어난 글을 쓰시는 베스트셀러 작가입니다. 상추 기르 는 시간에 글을 쓰시면 더 많은 책을 쓰실 수 있습니다. 이제부터 상추 기르기에 신경 쓰지 마시고 글 쓰시는 것에 집중하시면 어떻 겠습니까? 상추는 누구나 기를 수 있지만 훌륭한 글은 아무나 쓸 수 있는 게 아니지 않습니까?"

경제학 석학은 글을 써도 모자랄 판에 상추를 가꾸며 시간을 보내 고 있는 스님이 안타까웠던 것이다. 효율성에 중독된 현대인들…

이때 스님이 조용히 화답했다. "나는 상추를 가꾸지 않으면 글 을 쓸 수가 없습니다."

그렇다. 행복은 일상에서 그냥 내 옆에 항상 있다.

"다만 우리는 욕망과 과시에 눈이 가려져 그것을 못 찾을 뿐이다."

행복은 하루 일과를 마치고 공원을 산책하는 것이 될 수도 있고 주말의 스포츠 활동을 하는 것일 수도 있다. 또 누구는 종교 활동이 될 수도 있고 봉사활동이 될 수도 있다. 그것을 찾는 것은 당신의 몫이다. 끊임없이 노력해야 비로소 작은 행복을 얻을 수 있는 것이다. 겨울에 날씨가 엄청 추우면 수도를 어떻게 해야 하나? 얼지 않도록 틀어놔야 한다.

우리가 살면서 소소하게 행복한 시간을 갖는 것은 겨울철에 수도를 틀어놓는 것과 같다. 내 삶을 흐르게 하는 거다. 성취를 위해 쉬지 않고 달려만 가고 있다면 한겨울의 수도를 잠가놓는 것과 같다. 나도 모르는 사이에 내 마음이 얼어버리게 된다. 내 마음의 수도를 틀어놓아야 한다. 그러면 내 인생도 직장생활도 조금씩 여유가 생기고 행복해질 수 있다.

"

내 삶을 흐르게 하는 거다.

우리가 살면서 소소하게 행복한 시간을 갖는 것은 겨울철에 수도를 틀어놓는 것과 같다.

"내 삶을 흐르게 하는 거다." 성취를 위해 쉬지 않고 달려만 가고 있다면 한겨울의 수도를 잠가놓는 것과 같다.

내가 이런 이야기를 하면 주변 사람들의 반응은 거의 동일하다. 뭔가는 하고 싶은데 딱히 할 만한 게 없다고. 이걸 꼭 알아두어야 한다. 가만히 있는데 내가 행복해지지 않는다. 이것도 해보고, 저것도 해보고, 다양하게 해보면서 적극적으로 내 행복을 찾아야 한다. 중요한 것은 자기가 직접 해봐야 한다는 거다. 해보기 전에 이미지나 선입관을 버리고 자기가 직접 이것저것 해보다 보면 어느 순간 내 가슴을 치는 순간이 온다.

'지금 바쁜데 뭐, 돈이 없는데 뭐, 애 때문에, 이번 일만 좀 끝내고 나서.' 이렇게 현실을 핑계로 행복을 회피하지 말고 당당하고 적극적으로 행복을 찾아야 한다.

행복을 뒤로 미루고 있는 나에게, 아무것도 안 하고 있는 나에게, 어느 날 갑자기 선물처럼 행복이 찾아오지는 않는다. 행복을 원한다면 행복을 뒤로 미루지 말고 현재의 행복을 적극적으로 찾아야 한다. 그래야 삶의 행복을 향유할 수 있다.

"지금 내가 행복하지 않은 것은 행복한 거리가 없어서가 아니라 그것을 찾지 않기 때문에 현재 생활이 만족스럽지 않은 거다."

근면 이데올로기와 성공에 대한

강박이 만든 자기학대의 사회

행복하기 위해서 그렇게 달리지만
결국 행복하지 않은 인생을 사는 사람들

온라인 롤플레잉 게임인 리니지나 워크래프트 같은 게임을 하는 사람 중에는 일을 하듯이 게임을 하는 사람이 있다. 레벨을 올리기 위해 공부를 하고 정보를 검색하고 매일 일정 시간 게임을 한다. 다른 사람들과 게임정보를 나누고 같이 협동할 수 있는 길드에 가입하여 조직 속에서 활동을 한다. 이쯤 되면 게임은 더 이상 오락이 아니고 일의 수준이다.

스탠퍼드대학교 커뮤니케이션학과의 니컬러스 이 교수는 3년간

3만 명 이상의 온라인 롤플레잉 게임 유저들을 조사한 결과 사람들이 이런 게임을 하는 가장 큰 다섯 가지 이유로 성취감, 관계 형성, 역할 몰입, 현실도피, 못된 짓 하기를 들었다. 근데 재미있는 건 그중에서 가장 중요한 요소가 바로 성취감이었다.

그렇다. 우리 인간은 게임을 할 때조차 성취감이 가장 중요한 동기일 만큼 성취감은 우리가 어떤 행위를 하는 데 또는 일을 하는 데 있어 효과적인 동기인 것만은 분명하다. 다만 여기에는 조건이 하나 있다. 건강한 성취감을 가졌을 때 효과적이라는 것이다.

건강한 성취감은 우리 인생의 행복을 증진시키지만 지나치게 성취감에 집착하게 되면 오히려 우리를 불행하게 만든다. 게임중독이 사회적 문제를 불러일으키는 것처럼 지나치게 성취감에 중독되거나 성취감과 욕망을 구분 못 하게 되면 우리는 우리 인생의 방향 자체를 잃어버리는 결과를 초래하여 내 삶을 방향을 잃고 여기저기 헤매고 다닐 수 있다는 것이다.

성취감에 중독되어
감당할 수 없는 속도로 달리는 사람들

성취욕이 지나치게 강한 사람들은 무언가 확실히 손에 잡히는 것을 선호하며 앞으로 계속 나아가는 데서 기쁨을 얻는다. 성취감에 중독되면 점점 성취의 속도도 빨라져야 하고 성취의 양도 많아져야 한다. 더 많은 성취를 위해서 정말 정신없이 살아간다. 그래서 성공한 이들은 그렇게 정신없이 사는 삶을 열심히 사는 삶과 동일시하면서 자랑스러워하기도 한다.

하지만 그렇게 정신없이 사는 삶이 과연 잘 사는 삶일까? 앞만 보고 정신없이 달려가는 삶이 과연 최선의 삶일까? 정신없이 사는 이의 삶은 모래로 건물을 짓는 것과 같다. 그 건물이 무너지든 말든 앞만 보고 또 다른 건물을 지으려고 한다. 건물이 완성될 때쯤 이미 지어놓은 건물은 무너져 내리고 있다.

그러나 본인은 앞만 보고 또 다른 건물을 지으려고 한다. 본인은 수많은 건물을 가지고 있다고 생각하지만 모래 위에 지은 건물은 모두 무너진 후이기 때문에 가지고 있는 건물은 지금 짓고 있는 건물 하나뿐이다. 하지만 그것마저도 곧 무너질 것이다. 모래로 건물을 지으면 금세 무너져 내린다.

인생도 마찬가지다. 계속 앞으로 나아가면서 성취만 이루고자 하는 삶은 그 순간에는 성공으로 느껴지지만 세월이 지나 뒤돌아보면 도대체 내가 뭐 하고 살았나 하는 멍한 느낌에 사로잡히게 되는 경우가 많다. 인생을 살면서 무언가 성취한다는 것은 중요하다. 하지만 성취만 추구하다 보면 건강한 내 마음의 균형이 깨지는 수가 있다. 이미 많은 것을 성취한 이들은 더 많은 것을 성취할수록 더 행복해진다고 생각한다. 그러나 더 많은 것을 성취해도 마음이 채워지지 않는다. 그래서 성취감에 중독된 현대인들의 마음이 아픈 것이다.

예전에 토크쇼를 보는데 아이돌 그룹의 멤버가 이런 이야기를 하는 것을 본 적이 있다. 자신들이 연습을 하고 있다가 너무 힘들어서 누워 있는데 선배가 들어왔다고 한다. 그 선배는 지독하게 연습하고 노력하는 것으로 유명했다고 한다. 그는 아이돌 그룹에게 화를 내며 죽으면 계속 누워 있을 수 있으니까 지금은 빨리 일어나서 연습을 하라고 소리를 질렀다고 한다. 방송은 이것을 '열정'으로 포장했고 대다수의 사람들은 감동을 받았다. 이렇게 사는 것이 정답이고 당신들도 이렇게 살아야 성공한다는 식이다.

하지만 이것의 핵심을 통찰해 보면 성공이라는 목표에 방해되는 것은 다 필요 없는 것으로 생각하면서 자신의 마음을 황폐화시키는 것이다. 이렇게 목표 지향적 인간들이 방송을 통해 언론을 통해 현대사회의 영웅으로 거듭난다. 그들은 어떻게 하면 삶을 황폐화할 수 있는지에 대해서 방송을 하고 책을 내고 강연을 한다. 마음을 황폐화하는 기술이 성공하는 기술과 동일시되면서 우리 사회는 사는 게 사는 게 아닌 세상이 되고 있는 것이다.

행복하기 위해서 그렇게 달리지만
결국 행복하지 않은 인생을 사는 사람들

하루에 서너 시간만 자고 밥 먹는 시간을 빼면 모두 일을 한다는 이들이 있다. 지위가 올라갈수록 만나야 하는 사람들의 수도 늘고 그 폭도 늘어난다. 회의에 참여하기만 해도 하루가 훌쩍 지나간다. 성공한 사람들에게는 쉬는 시간이라는 것이 없다.

시간이 가장 희소한 자원이라고 생각하면서 자투리 시간도 목적을 위해서 활용한다. 스마트폰이 있기에 종일 보고를 듣고 지시하고 온종일 필요한 정보를 검색한다. 어떤 이는 이동을 하는 사이에 새우잠을 자는 것으로 잠을 대처한다고 한다.

예전에 어떤 공적 기관에서 일하는 사람과 개인적으로 알고 지냈는데 놀라운 것은 이 사람은 거의 잠을 자지 않는다는 것이었다. 잠은 회사에서 쪽잠으로 대체한다. 상사나 누가 시켜서 하는 것도 아니었다. 성취감에 중독되어 잠이라는 휴식마저 자신의 삶에서 추방해 버린 것이다. 이 사람은 어차피 은퇴하면 일을 안 하니까 더는 일할 수 없게 되면, 혹은 일이 의미가 없게 되면 그때부터는 일을 그만두고 자신만을 위한 시간을 갖겠다고 말했다.

하지만 어디 삶이 그렇게 자기 뜻대로 흘러가던가? 그 사람은 갑자기 몸이 나빠져서 장기간 병원에 입원하게 되었다. 제대로 잠을 자지 않았으니 당연한 일이었다. 더 심각한 것은 몸만 병든 것이 아니라 마음까지도 병들었다는 것이다.

병원에서 퇴원 후 남보다 더 많이, 더 열심히 일해서 더 많은 것을 성취하는 것이 보람된 인생이라는 자신의 생각이 잘못이었나 하는 의문이 들면서 자신의 삶의 의미를 찾을 수 없다며 '자살'하고 싶다는 것을 설득하는 데 아주 힘들었던 기억이 있다.

이 사람의 마음이 병든 이유는 삶의 의미를 찾을 수 없기 때문이다. 잠도 자지 않고 일만 하는데 과연 삶의 의미가 있겠는가? 성취도 좋지만 더 많은 성취를 위해 자신의 현재 삶을 희생해서는 안 된다.

'지금은 힘들지만 나중에 행복할 거야.' '지금 열심히 하면 남들보다 앞서갈 수 있어.'라고 하면서 현재의 행복을 희생하고 먼 훗날의 행복을 기약하지만 지금 행복하지 않은 사람이 시간이 지난다고 행복해질 가능성은 거의 없다. 그때가 되면 또 다른 목표가 생기기 때문이다. 그래서 또 현재를 희생하면서 '조금만 더 참자.'라고 스스로 다독이다가 결국 나이가 들어 죽음에 가까워지게 된다. 이 사람이 태어나서 죽을 때까지 한 것이라곤 오직 목표를 향해 달려간 것이고 남은 기억은 오직 일과 관련된 기억뿐이다.

죽기 전에 자신의 삶을 돌이켜 볼 때 생각나는 것이라곤 열심히 일한 기억, 수많은 야근과 프로젝트, 달성하지 못한 목표에 대한 아쉬움뿐이다. 행복하기 위해서 그렇게 달렸지만 결국 행복하지 않게 죽는다.

인간은 죽는 순간 자신이 한 일보다 하지 않은 일을 더 후회한다고 한다.

죽기 전 후회를 조금이라도 줄이기 위해서는 자신이 진정 원하는 것을 알아야 한다. 자신이 진정 원하는 '일'을 찾으란 이야기가 아니다. 이놈의 사회는 어떻게 말만 하면 전부 '일'로 연결이 되니 확실하게 부연 설명을 해줘야 한다.

다른 차원에서 일을 조망하면서 삶의 또 다른 측면과 가치를 상기할 수 있게 해주는 것, 내가 진정 무엇을 원하는지를 찾아보는 것, 현재 내가 진정으로 원하는 것을 하는 것, 그런 것을 온 힘을 다하여 찾아야 한다. 그리고 그것을 찾았다면 충분히 즐겨야 한다. 그러면 우리는 삶의 또 다른 가능성에 눈길을 돌리고 삶의 의미에 대해서 생각해 볼 수 있게 된다.

성취감을 위해 성공을 위해 달려가는 시간도 중요하지만 내가 진정으로 원하는 놀이를 하는 시간 또는 그냥 쓸데없이 보내는 시간도 때로는 우리 인생에 필요하다. 건강한 성취감과 적절한 휴식, 이런 삶의 균형이 있어야 우리는 행복할 수 있고 직장생활도 건강하게 할 수 있다는 것이다. 행복하고 건강하게 직장생활을 하면 업무성과가 올라가고 업무성과가 올라가면서 성공과 가까워진다.

마라톤 경기에서 가장 멍청한 사람은 처음부터 전력질주하는 사람이다. 남들보다 먼저 앞서가고 싶은 마음으로 전력으로 달려가지만 얼마 못 가서 지치게 된다. 결국 중간에 기권하거나 하위권으로 처지는 경우가 대부분이다.

마라톤 경기에서의 우승자는 처음부터 전력질주, 오버 페이스하지 않고 꾸준하게 자기 페이스를 지키면서 레이스를 펼치는 사람이다. 중간중간에 물도 마시고 페이스를 유지하는 것이 마라톤경기 승리자들의 비법이라면 비법이다. 인생도 마찬가지이다. 인생, 생각보다 길다. 조금 천천히 가도 된다. 남들보다 더 많은 성취를 해야 한다는 강박관념에 사로잡혀 삶의 균형을 스스로 무너트린다면 일의 성취도 일상의 행복도 놓치게 된다.

최근 '갓생'을 추구하는 사람들이 많다고 한다. 열정을 갖고 자신의 삶을 사는 것은 정말 좋은 삶의 태도이다. 하지만 남들보다앞서가기 위해 성공하기 위해 자신의 시간을 채우고 있다면 이건근면 이데올로기가 만든 성공에 대한 강박이다.

어떤 사회학자의 말이 굉장히 공감되었던 적이 있다.

"우리 사회는 자기계발을 빙자한 자기학대의 사회이다."

남들보다 앞서가기 위해, 경쟁에서 뒤처지지 않기 위해 끊임없이 달리도록 자신을 몰아세우는 일은 이제 그만하자. 그건 성실이 아니라 강박이다. 지금, 오늘 좀 쉬었다가 달려도 되잖아. 지금 좀 게으름 피워도 되잖아. 오늘 좀 행복해도 되잖아. 오늘의 작은 행복이 내일 또 달릴 수 있는 힘이 될 수 있잖아.

지금 맥주 한 캔 따서 하고 싶은 거 맘껏 하면서 잠시 여유를 느긋하게 즐기자. 그래도 괜찮아.

일상에서 작은 즐거움과

행복을 발견하는 법

순전히 나만을 위한,
시간 만들기

학창 시절 어떤 학생이었냐고 물으면 우스갯소리로 "학교, 도서
관, 집밖에 모르는 아이였어요."라고 대답하는 사람들이 있다. 학
교 갔다가, 도서관 가서 공부하다가, 집에 와서 잤다는 말. 엄청난
모범생이었다는 말이다. 그만큼 다른 활동이나 여가 생활은 접어
두고 공부에만 몰두했다는 말이기 때문이다. 이런 학생을 둔 부모
님은 엄청나게 좋아할 일 같지만 실상 학생 본인은 어디에서 스트
레스를 풀었을지 궁금해진다.

인간은 살아가면서 여러 가지 스트레스를 받으면서 산다. 사람들은 스트레스가 없는 삶을 꿈꾸지만 스트레스가 없는 삶은 있을 수 없고 적당한 스트레스는 오히려 건강한 삶에 도움이 된다. 그런데 아무리 적당한 스트레스라도 이것을 풀지 못하고 계속 쌓이기만 한다면 정신적 육체적 큰 문제가 될 수 있다.

정신건강의학과 진료차트에는 "스트레스 해소 방법"이라는 칸이 있다고 한다. 대부분 초진 때 정신과 의사가 상담 온 환자에게 스트레스 해소법에 대해 물어보는데 많은 직장인과 주부들이 "특별히 하는 게 없는데요."라고 대답해서 놀란다고 한다.

"예전에는 헬스클럽 가서 운동도 했는데 요즘은 먹고살기 바빠서 좀처럼 하기 힘드네요." "집에 가면 애들과 좀 놀아주다가 애들 자면 나도 자기 바빠요." "집안일이 많아서 이것저것 하다 보면 애들 학교 끝나고 오고, 애들 챙기고 남편 퇴근 후 챙기고 하면 하루가 번개처럼 가네요." 대개 이런 레퍼토리다.

먹고사는 문제, 즉 "먹고사니즘"은 모든 대한민국 가정의 우선 문제이다 보니 이를 해결하는 데 전력을 다하게 되고, 그러다 보니 쉬고 노는 것은 사치스러운 말처럼 느껴진다.

이런 사람들에게 스트레스를 어떻게 푸냐고 물어보면 "특별히 뭐 없는데요." 아니면 "그냥 참지요."가 대부분이고, 몇몇 사람들은 "그냥 자요." 아니면 "술 마셔요." 등의 방법을 얘기한다. 이런 것들을 보면 학생 때의 학교-도서관-집의 패턴이 나이를 먹고 난 후 직장-집의 패턴으로 옮겨 온 듯하다.

힐링이라는 말이 유행하면서 사람들은 힐링을 제대로 하기 위해서는 필은 산속 암자나 전문 센터에서 돈과 시간을 들여 명상에 잠기고 운동을 해야 한다고 생각하는 것 같다.

대다수의 사람들은 힐링이라는 단어 하면 떠올리는 단어가 요가, 템플스테이, 유기농 식사, 해외여행 같은 단어들일 것이다. 현대사회에 힐링이라는 개념이 유행하면서 사람들은 지친 몸과 마음을 치유할 수 있는 시간이 필요하다는 개념을 가지게 되었고, 이는 긍정적인 모습으로 보인다.

하지만 너무나 많은 사람들이 '힐링은 사치스럽고 나와는 먼 얘기'라는 생각을 하는 것 같다. 사실 힐링이라는 단어도 영어라서 그런지 뭔가 고상해 보이고 거리감이 느껴지는 것 같다. 그냥 "스트레스 쌓이면 뭘 하십니까?" "자기만의 시간을 가지고 계십니까?"라고 묻는 게 더 친근하게 여겨지는 것 같다. "힐링이라는 건 시간과 돈이 필요하고 나에겐 사치스럽다."라고 생각하는 사람들에게 "운동을 하고 잠들기 전에는 책도 좀 읽고 하루를 마무리하는 명상도 꾸준히 하시면 좋습니다."라는 얘기가 과연 얼마나 도움이 될 수 있을까. 거창한 덕목으로 힐링을 소개하는 것보다는 차라리 우선적으로 "절대적인 자기만의 시간을 만들어라."라는 얘기를 하고 싶다. 직장에서 정신없이 일하고 퇴근하면 애들과 좀 놀아주다가 애들 잠들면 나도 잠들고 하는 생활에서 벗어나야 한다는 말이다.

그러기 위해서 먼저 초등학생 방학 시간표 짜는 것처럼 당신의 하루 시간표를 머릿속에 그려보자. 어디에서 자투리 시간을 만들수 있나? 직장에 따라서는 근무시간 동안에도 조금은 가능할 수 있고, 퇴근 후나 심야 시간에도 20~30분 정도 시간을 낼 수 있을 것이다. 아니 "시간을 내야 한다."는 것이 더 맞는 표현이다.

그리고 그 시간에는? 그냥 자기가 하고 싶은 걸 하면 된다. 드라마를 보든지, 컴퓨터 게임을 하든지, 아니면 그냥 소파에 삐딱하게 누워 과자를 먹으면서 만화책을 봐도 좋다. 이도 저도 귀찮으면 그냥 멍하게 앉아 있는 것도 괜찮다.

당신은 오늘도 너무 피곤한 하루를 보냈고 당신의 뇌는 이것저것 생각할 것 없이 좀 쉬어줄 필요가 있다. 몸만 피곤한가? 머리도 피곤하다. 한가롭게 인터넷 서핑하고 케이블 TV 영화 보는 것이 운동이나 독서보다 모자랄 게 있을까? 순전히 나만을 위한, 나를 릴렉스할 수 있는 시간을 만드는 것이 스트레스 해소의 근원이다.

머릿속에 들어 있는 힐링의 럭셔리한 이미지는 지워버리자. 나만을 위한 소박하지만 맞춤형 힐링을 만들어 보자. 다람쥐 쳇바퀴 돌듯이 직장과 집만을 오고 가는 일상에 나만의 시간이라는 점을 찍어보자. 직장—집이라는 단순 일직선 위에 나만의 시간이라는 점을 하나 찍어서 삼각형을 만드는 것이다. 일상에서 조그만 즐거움과 행복을 발견할 수 있다. "난 너무 바빠서 수면 시간조차 부족한데요?"라고 얘기하는 사람이 있다.

"바쁘면 좋죠… 근데 지금 행복하세요?"

일상에서 행복에

가까이 갈 수 있는 몇 가지 방법

뇌 과학적으로
분석해 본 행복의 법칙

우리들이 누리는 행복감은 자기 일과 세상을 바라보는 자신의 태도에 달려 있다. 몇 번 강조하지만 행복은 커다란 성취에서만 느낄 수 있는 것이 아니다. 오히려 일상적이고 소소한 것에 우리의 행복이 숨어 있다. 그렇기 때문에 우리는 행복하려면 일상의 어떤 것들이 있는지, 어떤 일들이 있는지, 일상에서 내가 행복해질 수 있는 방법을 끊임없이 찾아야 하고 시도해 봐야 한다.

행복이란 다분히 주관적인 개념이기 때문에 자신이 언제 행복감을 느끼는지 여러 가지 일들을 시도해 보면서 스스로 찾아내야 한다. 음악 감상, 산책하기, 친구와 수다 떨기, 야구경기 관람, 봉사활동이나 종교활동 등 여러 가지 다양한 일들을 시도해 보고 자신에게 꼭 맞는 방법을 발견하는 것이 중요하다고 할 수 있다. 그렇다면 이번에는 어떻게 하면 일상에서 행복에 가까이 갈 수 있는지 뇌 과학적으로 분석해 본 결과를 토대로 몇 가지 활동들을 제시하고자 한다.

신나는 계획 세우기

직장생활을 하다 보면 숨 쉴 틈 없이 바쁠 때가 있다. 몸도 마음도 지쳐가지만 끝도 없이 이어지는 야근과 촉박한 기한에 스트레스를 풀 수 있는 시간조차 갖기 어려울 때가 있다. 만약 당신이 힘들고 스트레스를 받은 상태인데 지금 당장 휴가를 낼 수 없거나 너무나 바빠 시간이 없다면 일단 정말 재미있을 것 같은 계획이라도 세워보자.

바쁜 와중에 무슨 쓸데없는 짓이냐고? 쓸데없는 짓이 아니다. 왜냐하면 신나는 계획을 세우고 그 시간을 기다리는 것만으로 스트레스 해소에 큰 도움이 되기 때문이다.

　잘 생각해 보면 좋아하는 일을 하는 것보다 이를 기다리는 마음이 더 큰 기쁨을 주기도 한다. 어렸을 적에 소풍 가기 전날이 소풍 당일보다 더 흥분되고 기대되지 않았던가? 한 달 또는 일 년 뒤라도 좋다. 신나는 계획을 떠올려 보는 것이다. 실제로 좋아하는 영화를 볼 거라는 생각만으로 엔도르핀 수치가 27%나 높아진다는 연구 결과가 있다. 언제까지 끝내야 하는 힘든 프로젝트가 있다면 이 프로젝트를 끝낸 후 난 무엇을 하겠다는 나만의 즐거운 계획이 필요하다. 나만의 신나고 즐거운 계획은 프로젝트를 준비하는 힘든 과정을 버티게 하는 힘이 될 것이다.

장점 살리기

　누구에게나 재능 한 가지는 있다. 친구의 고민을 들어주거나 아이들을 돌보거나 아니면 요리를 하는 것 등 자신이 제일 잘하는 일을 할 때 긍정적인 감정을 불러일으킬 수 있다. 당신의 기분이 지금 다운되어 있다면 잘할 수 있는 일을 집중적으로 해보라. 기분이 풀릴 것이다.

자신의 장점, 자신만의 재능을 발휘함으로써 우리는 행복감을 맛볼 수 있다.

심리학자들로 구성된 한 연구팀은 자신이 잘하는 일을 수행했을 때와 행복감의 연관 관계에 대해서 대규모 조사를 한 적이 있다. 577명의 지원자들을 대상으로 각자의 대표적인 강점들 중 하나를 선택하고 이를 일주일 동안 실천하도록 했을 때, 연구팀은 피실험자들이 예전에 비해 행복 수준이 훨씬 더 높아진다는 것을 알아냈다.

그 효과도 일시적으로 끝나지 않았다. 실험 후 변화된 행복지수는 6개월 가까이 지속되었다. 이와 비슷한 연구들 역시 강점을 더 많이 발휘할수록 행복감이 더 높아진다는 사실을 증명해 준다.

누구나 자신이 좋아하는 일을 통해 행복을 얻고자 노력할 수 있다. 당신도 먼저 자신의 강점을 살피고, 이를 일상생활 속에서 실천할 수 있는 아이디어를 짜보기 바란다. 긍정적인 감정을 일상생활 속에서 반복적으로 자극받을 때, 기분이 좋아지는 것은 물론 업무적인 열정과 효율성이 높아지고, 장기적으로 성과가 개선된다.

행복의 효과는 여기서 끝이 아니다. 당신 자신은 물론 함께 일하는 다른 사람들의 업무방식에 영향을 주고, 나아가 조직 전체의 실적에 중대한 전환점을 마련할 수도 있다.

경험에 돈 쓰기

돈으로 행복을 사는 일은 의외로 쉽다. 다만 일반적인 쇼핑이 아니라 경험을 위해 투자할 때만 그렇다는 것이다 《사치 열병》의 저자 로버트 프랭크는 새로운 물건을 살 때 얻는 기쁨은 실망스러울 만치 대단히 짧지만, 경험을 위해 돈을 투자하거나 특히 다른 사람과 의미 있는 시간을 함께 보내는 일은 장기적으로 긍정적인 감정을 유지하는 데 큰 도움을 준다고 주장한다.

150명의 사람들을 대상으로 한 조사에서 연구팀은 신발, 텔레비전, 명품 시계에 돈을 쓸 때보다 다른 사람과 함께 콘서트를 보거나 저녁식사를 하느라 돈을 쓸 때 더 많은 행복을 느낀다는 사실을 확인했다.

또 다른 연구팀은 46명의 학생들에게 20달러씩 나누어 주고 특정한 형태로 돈을 쓰게 하는 실험을 했다. 그 결과, 친구에게 점심을 사거나, 동생에게 장난감을 선물하거나, 자선단체에 기부하는 등 다른 사람들을 위해 돈을 쓰라고 지시받은 학생들이 자기 자신을 위해 돈을 쓴 학생들보다 더 크게 만족감을 느꼈다.

당신은 어느 쪽에 돈을 더 많이 쓰는가? 빈 종이와 연필을 하나 준비해 보자. 그런 다음 중간에 세로로 줄을 긋고 한쪽에는 물건, 다른 한쪽에는 경험이라고 제목을 써넣자. 엑셀을 활용하는 것도 좋다. 그리고 앞으로 한 달간 자신이 어떤 형태로 소비를 했는지 하나씩 기록하고, 물건과 경험 중 어디에 돈을 더 많이 썼는지 확인하자.

각각의 소비에서 어느 정도의 만족감을 얻었는지, 또 얼마나 오랫동안 즐거움을 느꼈는지도 함께 기록해 보자. 이 과정을 거치면 당신은 아마 물건에서 경험으로 소비 패턴을 옮겨야겠다는 확신을 얻을 수 있을 것이다.

"행복은 그 당시에는 잘 모른다. 시간이 지나 추억이란 형태로 우리 기억에 남는 경우가 많다."

Part 4

내 마음이
도대체 왜 이럴까?

왠지 불안하고

항상 쫓기듯 사는 당신에게

불안에 쫓기는
당신이 선택한 것은 바로 일

직장인들에게 일하는 이유를 물어보면 거의 대부분 "돈을 벌기 위해서." 또는 "먹고살기 위해서."라고 이야기한다. 이외에도 성취감, 인정받기 위해서 등이 자신이 일하는 이유라고 말한다. 그런데 의외의 이유로 일하는 직장인들이 꽤 많다. 본인들도 그 정체를 모르지만 그것은 바로 불안이다.

“

불안은 사실 인간에게 아주 익숙한 감정이다.

불안은 사실 인간에게 아주 익숙한 감정이다. 인간이 처음 집단을 이루던 까마득한 옛날부터 지녀온 본능적 감정이다. 인간은 맹수와 거대한 자연에 맞서 생존하기 위해 집단을 이루었다. 집단에서 빠져나와 혼자가 된다는 것은 죽음의 확률이 매우 올라간다는 것을 의미했다.

현대사회는 개인에게 비교적 안전한 환경을 제공하지만 인간의 마음은 아직 충분히 진화하지 못했다. 혼자가 되었다고 해서 그것이 생존에 위협을 받는 것은 아니지만 우리는 조직에서 타의로 혼자가 되었을 때 불안해지고 초조해지며 큰 문제가 생긴 것만 같다고 느낀다.

경쟁에서 뒤처지면 조직이나 무리에서 이탈할 수 있고 이것은 혼자가 될 수 있다는 것을 뜻하고, 혼자가 된다는 것은 본능적으로 생존에 위협을 받는 상황이라고 위기감을 느끼기 때문에 우리는 그런 두려운 상황에 빠지지 않기 위해 무조건 조직에서 살아남으려 일하는 것이다. 언제 잘릴지도 모른다는 두려움에 압도되어 자신을 다그치며 일하고 있는 것이다.

"

일을 하면 불안하지 않기 때문에 일을 하는 것이다.

사실 한국인들이 불안에 떨면서 일하는 습관은 회사에서 일하기 전 훨씬 어려서부터 형성된다. 어렸을 때 아이들은 부모에게 야단 맞기 싫어서 공부한다. 공부를 재미있어하는 아이는 거의 없다. 고등학교 때는 대학에 떨어지기 싫어서 공부한다. 자기가 진정으로 하고 싶은 일이 있어서 어느 대학 어느 학과에 가고 싶다는 아이는 거의 없다.

일부 특별한 경우를 제외하고 대부분 학생은 부모님과 학교가 정해준 목표 대학과 목표 학과에 떨어지지 않기 위해서 공부하고, 취업 전쟁에서 낙오될까 두려워서 대학에 가서도 준비를 한다. 그리고 회사에 들어가면 승진에서 혼자만 뒤처질까 일을 한다. 경쟁에서 뒤처질까 봐 불안하고 두려운 마음 때문에 일을 하고 상사에

게 미움받기 싫어서 일을 하며 정리해고 당하지 않기 위해서 일을
한다.

더 심각한 것은 일을 끝내고 휴식을 하는 시간에도 왠지 모를 불
안함이 마음 한구석에서 고개를 든다. 그래서 또다시 회사 일을
만지작거리며 불안을 달랜다. 일을 하면 불안하지 않기 때문에 일
을 하는 것이다.

여기서 문제점은 일을 하는 가장 큰 이유가 '불안'인 경우 그저
명령에 쫓아서만 일을 하게 된다는 것이다. 아무 생각 없이 무조
건적으로 일을 하면 결국 한계에 봉착하게 된다. 불안에 의해서
일을 하면 할수록 이미 하던 일은 기계적으로 더 잘할 수 있지만
새로운 일을 계획할 여유는 없어지기 때문이다. 결국 창의적으로
일할 수 없게 된다는 것이다.

그런데 이것은 가만히 생각해 보면 아주 당연하다. 상사에게 몇
시간 동안 온갖 욕을 들으며 깨지고 나면 정신이 멍해지는 느낌을
받은 적이 있을 것이다. 뭔가 충격적인 소식을 들으면 순간적으로
정신이 멍해지는 경험이 있을 것이다.

그 이유는 스트레스 호르몬이 분비되기 때문이다. 스트레스 호르몬은 다른 말로 생존 호르몬이라고 한다. 초식동물이 맹수에게서 달아날 때 죽느냐 사느냐의 갈림길에 설 때 분비되는 호르몬이다. 스트레스 호르몬이 분비되면 생존을 최우선으로 생각하게 되기 때문에 배도 고프지 않고 웃음이 나오지도 않는다.

이런 상태에서는 새로운 계획을 세우고 학습을 하고 창의적인 생각을 하는 것은 불가능하다. 단지 현재의 위험을 넘기는 데 모든 신경이 곤두서게 되기 때문이다.

불안은 여유를 없애고, 여유가 없어지면 위에서 시키는 대로 그동안 해오던 관성대로만 일을 해결하려고 하게 된다. 따라서 점점 상황은 안 좋아진다. 불안은 사람을 안절부절못하게 만들고 정신없이 이리저리 몸을 움직이게는 할 수 있지만 두뇌를 움직이게는 못 한다. 내가 의도하지 않지만 이미 내 머릿속에는 생존을 위해 현재의 위험을 넘기는 데에만 전력을 다하고 있기 때문이다.

"

사람들은 불안해지면 대개 두 가지 중의 하나를 선택한다.
이랬다저랬다 갈팡질팡하거나 과거에 하던 방식대로
초지일관 밀어붙인다. 대체로 둘 다 성공적이지 않다.

과거의 방식은 과거의 성공 경험이 있기 때문에 옳은 방향으로 생각되고 매력적으로 느껴진다. 대다수의 사람들이 이런 흐름으로 고정된 생각의 프레임 속에 갇히게 된다. 불안한 사람들은 과거의 경험, 통계, 데이터, 패러다임, 기존의 성공사례를 중심으로 생각하고 판단하기 때문이다.

이런 과거에 대한 집착은 생각과 행동의 고착화, 경직화로 이어져서 새롭고 창의적인 생각을 하는 데 방해가 된다. 창의적이지 못하니까 단순한 일만 계속할 뿐 복잡한 일은 감당을 못한다. 조직에서 살아남겠다고 기를 쓰고 일을 하지만 불안에 쫓기는 이에게 조직은 점점 단순한 일만 맡긴다.

단순한 일은 아무나 할 수 있는 일이고 단순한 일만 하다 보면 월급도 오르지 않고 도태된다.

따라서 현재 다니는 직장에서 조금이라도 복잡한 일이나 해결책을 만들어 내야 하는 일을 맡아야 한다.

새로운 방식으로 스스로 명령을 만들어 다른 사람이 내가 만든 명령대로 일하게끔 해야 한다. 그런 능력을 갖추게 되면 저절로 승진을 한다. 하지만 사람들은 남이 내게 명령을 내리면 짜증을 내고 미워할 뿐 자신이 명령을 내리는 위치가 되기 위해서 무엇이 필요한지는 생각하지 않는다. 그저 승진하고자 생각하고 월급이 오르기를 기대할 뿐이다.

팀장, 부장이 무능력한 이유

지금 같이 일하는 부장이 무능력하다고 느끼고 있지 않은가? 부장도 처음부터 무능력하지는 않았을 것이다. 보통 부장, 팀장급이 조직에서 평균적으로 7% 정도 차지한다. 쉽게 말해서 어느 정도 규모가 있는 기업이라면 100명 중 7등 안에 들어서 부장을 하고 있는 것이다. 당신 부장이 그렇게 만만한 사람이 아닌 것이다. 누군가 승진을 하는 것은 그 나름의 능력이 있어서다.

그런데 지금은 왜 그렇게 무능력한 것일까? 신입사원 때는 능력이 있었던 부장이 무능력해진 이유는 바로 불안에 따른 압박 때문이다. 직장에서 신입사원으로 처음 일을 시작할 때는 실수를 해도 초보이기 때문에 봐주지만 시간이 지날수록 실수를 하면 안 되기 때문에 불안이 커진다. 불안에 시달리는 사람들은 항상 불안하기 때문에 불안감을 달래려 그만큼 일에 시간을 쏟게 되고 단순한 일들은 남들보다 더 빠르게 많은 양을 처리할 수 있다.

하지만 나중에 승진을 하면 단순한 일이 아니라 남의 불안을 다루고 회사의 불안을 다루는 것이 주된 일이 된다. 본인 자체가 불안한데 예상할 수 없는 사람들의 변덕과 불확실성을 다뤄야 하고 불확실한 사업 환경에 대처해야 하는 것이다. '아~ 이건 내 전공이 아닌데…' 예전과는 차원이 다른 불안감을 느끼고 압박감을 느낀다.

그러니 심리적으로 스트레스를 많이 받은 상태에서 이상행동을 하게 된다. 어떤 이는 지나치게 꼼꼼해지고 예민해지고 히스테릭해지고, 어떤 이는 자신의 불안을 조직 구성원들이 눈치를 챌까 두려워 과시에 집착하고 권위에 집착하는 행동을 한다. 당신 부장 이야기이다. 당신도 그렇게 될 수 있다.

자신이 불안해하면서 불확실한 사업 환경에서 불안한 사람들을 이끌어 갈 수는 없다. 성공과 승진을 꿈꾸고 있다면 이제부터 내 마음속의 불안과 스트레스를 잘 다뤄보자. 마음의 여유를 갖고 삶의 여유를 갖는 것이다. 물론 바쁘고 시간 내기 어려운 거 안다. 하지만 어렵더라도 조금씩 시간을 내어보자. 그리고 충분히 충전하자.

마음의 여유를 갖고 내 마음속의 불안과 스트레스를 잘 다뤄보자. 어렵더라도 조금씩 시간을 내어보자. 그리고 충분히 충전하자.

인생은 마라톤 경주와도 같다. 처음부터 전력 질주해서 뛸 수 있는 거리가 아니다. 중간중간 페이스도 조절하고 물도 마시며 자신만의 페이스로 달려야 끝까지 완주할 수 있다. 남들보다 앞서가려고 처음부터 전력 질주하는 사람은 완주하지 못하고 중간에 포기하기 마련이다.

불안과 스트레스에 지친 내 마음, 오늘부터 좀 달래주자.
잠시 쉬어간다고 뒤처지지 않는다.

나는 왜

항상 불안한 걸까?

남들보다 앞서가기 위해
감당할 수 없는 속도로 달리는 우리

　직장인들과 이야기를 하다 보면 이런 직장인들이 생각보다 상당히 많다.

　주중에 계속된 야근으로 주말이 되면 몸도 마음도 녹초가 된다고 한다. 그래서 집에서 쉬면서 하루를 보내면 의미 없이 하루를 보냈다는 생각이 들면서 열심히 살지 못했다는 죄책감이 든단다. 자기계발도 하고 인맥도 넓히고 뭔가 남는 시간을 좀 더 생산적으로 보내야 되지 않을까? 내가 지금 이렇게 쉬어도 되는 건가? 이런 생각에 쉬면서도 불안하고 마음이 편하지 않단다. 그래서인지 최근에는 이런 직장인들이 늘어나고 있다.

자기 시간을 빈 시간 없이 꽉 채워놓는 타입, 그래야 안심이 되는 사람들

이런 사람들은 자기계발 한다고 학원도 다니고 친구들도 만나고 인맥관리 한다고 모임도 나가고 빈 시간 없이 자기 시간을 꽉 채워놓고 바쁘게 산다. 그리고 난 열심히 산다고 만족하면서 왠지 모를 안도감을 느낀다.

"전 주중에는 회사 마치고 중국어 학원에 다닙니다. 주말에는 부족한 영어 실력 향상을 위해 영어 학원에 다니고 오후에는 경영 스터디 모임에 참석한 후에 인맥관리를 위해 다양한 모임에 참석합니다. 항상 바쁘고 시간이 너무 부족하지만 나름 남들보다 열심히 사는 것 같아 몸은 피곤하고 힘들어도 마음은 뿌듯합니다."

얼마 전 모 일간지에서 행복도 국제비교 조사를 위해 다국적 빅데이터 분석을 한 적이 있다. 다른 국가들과 비교하여 한국에서만 나타나는 키워드가 몇 개 있었는데 그중 하나가 '바쁘다.'라는 키워드였다. 특이하게도 한국에서는 불행이 아니라 행복과 연관된 키워드로 나타났다. 바쁘면 행복한 한국인이다. 왜 다들 이렇게 생각하는지 그 이유를 들여다보면 불안하기 때문이다. 바쁘면 불안하지 않기 때문에 행복하다고 느끼는 것이다. 그럼, 도대체 왜 우리는 이렇게 많이 불안한 걸까?

현대직장인들 불안의 원인으로 첫 번째 이유는 '노력하면 무엇이든 될 수 있다.'는 성취주의가 불안의 원인이다. 철학자이자 소설가인 알랭 드 보통은 신분제가 엄격했던 시대에는 가난한 사람들은 '불쌍한 사람들'로 동정을 받았으나 누구나 성공할 수 있다고 말하는 현대사회에서는 가난한 사람들은 '실패한 사람들'로 간주되어 비난받으므로 실패에 대한 불안이 더 높아진다고 설명했다.

자신이 맡은 업무를 잘해내지 못해 실패할 것에 대한 두려움, 승진에 대한 압박감, 팀 내에서 입지를 확보하지 못하고 있어서 느끼는 좌절감, 인정받지 못하는 느낌… 이러한 것들이 우리를 불안하게 하는 거다. 우리 모두 나 자신과 타인을 끊임없이 비교하고, 내가 지는 상황을 받아들이기가 참 힘들지 않은가. 한 방송사에서 실험한 결과에 따르면 서구인과는 달리 한국인의 뇌는 늘 비교하는 것이 습관화되어 있었다. 그러니 비교와 불안이 습관이 된 뇌를 달랠 방법이 필요하다.

그 방법으로 나는 '지금-여기에(Here and Now)' 집중하기를 권하고 싶다. '사자에게 쫓기는 토끼'를 생각해 보자. 당장 나를 쫓고 있는 '사자' 같은 문제가 있다면 그것을 먼저 해결하기 위해 총력을 기울여야겠지만 사자가 당장 쫓아오고 있지도 않은데 걱정을 하며 먹지도 쉬지도 않고 계속 뛰어다니는 것이라면 결국 지치고 영양실조로 죽게 될 것이 아닌가.

이때는 비현실적인 불안에서 벗어나 '현실(지금-여기에)'로 돌아와야 한다. 이 순간 이 자리에 살아서 숨 쉬고 있음과 나와 함께하는 사람들이 있음에 감사하고, 그들과 함께 교감을 나누면서 나의 내면과 인격적 성숙에 투자하는 것이다. 이것은 이미 오랫동안 정신의학 분야의 전문가들이 해온 연구에서 확인된바, 행복한 인생의 비결은 돈, 명예, 인기, 건강이 아니라 '성숙한 인격'과 '친밀한 관계'가 핵심인 것으로 밝혀졌다.

"

우리가 그동안 너무나 빠르게 달려왔기 때문이다.

두 번째 이유는 우리가 그동안 너무나 빠르게 달려왔기 때문이다. 한국인들이 불안한 이유는 한국의 압축성장이 가져온 폐해이다. 어마어마하게 빨리 발전했지만 얻는 것이 있으면 잃어버리는 것이 있듯이 정신을 잃어버린 거다. 경제가 발전하는 속도에 맞춰 바쁘지 않으면 안 된다고 생각하는 거다. 그러니까 가만히 있으면 불안해지는 거다.

'남들은 달려가고 있는데 나도 가만있으면 안 되지.'라고 생각하면서 항상 남들과 비교하고, 남들에게 뒤처질까 봐 불안해하는 거다. 내가 뒤처진다는 것은 내 체면이 깎이는 일이고 전 세계에서 유일한 유교 국가인 한국에서 체면이 깎인다는 것은 안 될 일이다. 그러니까 끊임없이 나를 채찍질하고 남들보다 한 발짝 더 나아가서 남들에게 잘나가는 나를 과시하고 싶다는 심리가 우리 마음속 깊은 곳에 있는 것이다.

그것이 내 체면이 사는 길이고 그럼 난 행복하다. 그래서 오늘도 우리는 스스로 감당할 수 없는 속도로 달리면서 멈출 수가 없는 것이다.

"남들은 달려가고 있는데 나도 가만있으면 안 되지."라고 생각하면서 항상 남들과 비교하고, 남들에게 뒤처질까 봐 불안해하는 거다.

그런데 이것이 90년대까지는 그럭저럭 버틸 만했다. 국가도 달리고, 나도 달리고, 나에게 아파트라는 성과도 있었다. 하지만 그 속도가 영원할 수 없다. IMF 이후에 속도가 느려지니까 우리가 적응을 못 하는 거다. 한국은 자살공화국, 하루에 평균 37명씩 자살하는 나라이다. 그 속도를 감당하지 못하는 사람들이 자신의 삶에서 뛰어내리는 것이다. 현재 한국 사람들 대부분이 무엇인가에 쫓기고 불안하다. 이런 집단적 불안이 한국 사회를 굉장히 어렵게 만들고 있다.

항상 무엇인가에 쫓기고 불안하고 너무 바쁘게 달려가는 직장인들에게 인디언들의 근사한 이야기를 들려주고 싶다. 예전에 〈늑대와 춤을〉이란 영화에 나온 인디언들의 이름을 아는가? 나는 그들의 이름이 인상 깊어 아직도 기억하고 있다. '머릿속의 바람' '주먹 쥐고 일어서' 그들은 참 이름부터가 철학적이다.

인디언들은 초원에 말을 타고 빠르게 달리다가 말이 지친 것도 아니고 인디언이 지친 것도 아닌데 갑자기 딱 서서 한참 있는다고 한다. 백인들이 너무 궁금해서 도대체 왜 그러냐고 물었다. 인디언들은 이렇게 대답했다고 한다.

"너무 빨리 달려서 혹시 내 영혼이 따라오지 못할까 봐 잠시 기다린다."

인생, 생각보다 길다. 쉬지 않고 빨리 뛴다고 앞서갈 만한 거리가 아니다.

행복한 타인

vs 불행한 나

남들과의 비교를 통해
자신을 측정하려는 사람들

한국에서 교육받은 대부분의 사람들은 경쟁과 서열화로 점철된 사회에서 자랐다.

학교에 다니기 시작하면서 자신이 반에서 몇 등인지, 몇 등급에 해당하는지 주변의 친구들 중에서 누가 나보다 공부를 잘하고 누가 나보다 공부를 못하는지 늘 확인하면서 자랐다.

나보다 성적이 월등히 좋은 친구를 각고의 노력 끝에 내가 넘어서면 삶의 큰 기쁨이었다.

반대로 나보다 성적이 떨어지던 친구가 성적이 올라 나를 제치고 나보다 높은 등수로 올라가면 그것만큼 짜증 나고 우울한 일은 없었다. 나와 친한 건 친한 거고 나보다 못한 네가 나를 넘어서는 일은 용납할 수 없는 일이다.

한마디로 우리는 서로를 서열화하고 서로 경쟁하는 것에 익숙한 사람들이다. 경쟁에서 이기면 행복하고 지면 불행하다. 그렇기 때문에 학교를 졸업하고도 우리의 경쟁은 SNS 인스타에서 계속된다.

#좋은 차, #명품, #내가 갔다 온 여행지, #오마카세 식당, #골프(새로 시작한 나의 요즘 취미, 나 돈 많아!), #나의 행복한 결혼, #최근 만나는 사람, #멋있지? 예쁘지?

최근 사귀기 시작한 이성의 외모가 거리에서 같이 다닐 때 사람들이 쳐다볼 만큼 훌륭하다면 그것만큼 자랑스럽고 행복한 일은 없다. 당연히 나의 SNS에 커플 사진, 그 사람의 사진을 올린다. 나 이런 사람 만나. 나 잘나가. 나 행복해. 나를 이렇게 자랑스럽게 만드는 그 사람이 너무나 사랑스럽다(정확히는 그 사람이 사랑스

러운 것이 아니라, 그 사람으로 인해 남들보다 내가 우월하다는 느낌을
받는 기분 좋은 내 감정을 사랑하는 것 아닐까?).

행복도 경쟁하는 사람들

자신의 가장 빛나 보일 수 있는 순간을 편집해서 SNS에 올려
행복을 경쟁하는 것이다. 나 이렇게 살아, 나 행복해, 부럽지? 뭐
이런 마음이다. 그러면 우리는 좋아요를 눌러주고 좋은 사람인 척
축하해 주고 부럽다는 댓글도 남긴다. 사실 속마음은 쓰리다(나만
쓰린가?).

SNS에서 타인의 행복한 삶을 보며 나의 처지와 비교하면 나는
한심하기 그지없다. 남들은 행복하게 잘 사는데 나는 집구석에서
남 인스타나 보고 있고. 남들은 유럽 여행도 다니고, 예쁜 옷 입고
좋은 데서 훈남 훈녀와 오마카세 먹고 다니는데 나는 다 떨어진
츄리닝 바지 입고 혼자서 라면 끓여 먹고 있고 ㅜㅜ.

남들보다 내가 더 잘났으면 좋겠는데 SNS로 사람들의 좋은 면
만 보게 되면서 내가 뒤처지는 느낌이 들고 괜히 우울해진다.

나도 질 수 없어 자신의 일상을 화려하게 포장해 SNS에 전시하지만, 이건 진짜의 내가 아니란 사실을 내 자신이 스스로 너무 잘 알고 있다. 진짜의 타인 VS 포장된 가짜의 나를 비교하면서 더 큰 불안과 좌절, 열등감에 젖어 들게 된다.

남들과의 비교를 통해 자신을 측정하려는 사람들

우리가 이렇게 남들과의 경쟁하고 남들과 나를 비교하는 이유는 타인과 비교를 통해 현재의 나를 측정하려 하기 때문이다. 내가 지금 잘 살고 있는지 뒤처지고 있는 건 아닌지 남들을 중심으로 현재의 나를 판단하고 측정한다.

남들보다 내가 나아 보이면 기분이 좋고 행복하다. 내가 잘 살고 있음을 확인하고 안도한다. 남들보다 내가 못해 보이면 우울하고 불행하다. 내가 남들보다 뒤처지고 있으니 불안해진다. 하루빨리 따라잡아야 한다는 생각에 마음이 급해진다. 이렇게 나를 측정하는 절대적 기준이 남이기 때문에 우리가 그렇게 남들에게 관심이 많은 것이다. 그래서 사람들은 남에 대해서 잘 안다. 남들은 뭘 좋아하고 어떤 때 행복하고 어떻게 살고 있는지.

여기서 질문을 한번 해보겠다. 남들은 그렇게 잘 아는데 그럼 자기 자신을 얼마만큼 잘 알고 있는지. 나는 언제 행복한지 잘 알고 있는가? 남들하고 비교해서 내가 나아 보일 때 기분 좋은 거 말고. 남들이 기대하는 것을 내가 충족시켜 주었을 때 느끼는 뿌듯함 말고(남이 중심이 아니라 내가 중심이 되는 삶이 당연하니까).

남들하고는 전혀 상관없이 비교할 필요도 없고 자랑할 필요도 없이 오롯이 내가 진짜 행복한 순간, 행복한 것들 진짜 원하는 것들 말이다. 잘 알고 있다면 내 진짜 행복에 좀 더 집중하고 모르고 있다면 오늘부터 찾아보자.

우리가 남을 잘 알지만 나는 잘 모르는 경우가 많다. 오늘부터 남들한테 관심 좀 끄고 넘나 사랑스러운 나한테, 내 욕구에 관심을 가져보자. 나는 어떤 욕구가 있고 뭘 하고 싶고 언제 행복한지.

그리고 인스타에 "나 행복해 나 좀 봐줘."하고 SNS에 사진 올리는 당신 친구들 말이다. 특히 자주 올리는 애들. 걔네 그거 진짜 아니다. 다 편집하고 뽀샵한 거다. 당신처럼.

사람 사는 거 크게 다르지 않고 다 비슷하다.

그러니까 남들이 어떻게 살건, 1도 신경 쓸 필요 없다. 남들과 나를 비교할 필요도 없다.

그냥 내 삶을 살자. 누구도 신경 쓰지 말고.

나한테 관심을 갖고 나를 사랑하며 내 행복을 찾기도 부족한 내 삶의 시간이다.

인생, 생각보다 짧더라.

내 안에

세 사람이 산다

스트레스받고 좌절감이 들고
마음이 아파도 털고 일어나는 힘

살다 보면 가끔 내가 왜 이럴까? 왜 이런 생각을 할까? 왜 이런 행동을 했을까 스스로도 이해가 안 되는 경우가 있다. 이것은 내 마음속에 세 사람이 살고 있기 때문이라는 것이 정신분석학 창시자인 프로이트의 구조이론(Structural Theory)이다.

프로이트의 구조이론은 인간의 마음을 마치 3명의 사람이 움직이는 것처럼 보는 것이다. 내 마음속에는 이드(Id), 초자아(Superego), 자아(Ego) 이렇게 3명의 마음이 있다는 것이다. 간략

하게 이야기하면 이드는 욕망의 대변자, 초자아는 도덕, 윤리, 양심의 대변자, 자아는 이드와 초자아의 중재자이다.

이드는 욕구를 주장하고, 초자아는 금지된 일을 못 하게 막아서거나 이상을 추구하고, 자아는 타협점을 찾는다. 이드는 충동적인 어린아이와 같다. 원초적이고 이기적이다. 이드는 참고 기다리지 못한다. 바라는 것이 있으면 금방 이루기를 원한다.

당장 원하는 장난감을 손에 쥐여주어야 울음을 그치는 아이와 같다. 이드가 강해지면 마음의 세계에는 비상이 걸린다. 이드의 힘이 세지면 인간은 이성이 아닌 본능적 충동에 의해 움직이게 된다.

프로이트는 이드를 무의식 속에 억압되어 있는 성적이거나 공격적인 소망 덩어리로 보았다. 초자아는 항상 나를 위에서 지켜보고 있다. 초자아는 이드 안의 욕망들이 어떻게 움직이는지를 자세히 파악하고 있다. 초자아는 태어난 후 부모와 사회로부터 배운 것을 기준으로 움직인다. 초자아는 내 마음속의 데이터베이스 시스템이라고도 할 수 있다.

무엇이 옳고, 그르고, 좋고, 나쁜지에 대한 자료와 기준을 가지고 있다. 내 마음속의 데이터베이스는 두 개의 폴더로 이루어져 있다. 하나는 양심 폴더이다. 지켜야 할 윤리, 도덕, 양심과 그것에 따르지 않으면 내가 어떻게 된다는 결과들이 들어 있다. 다른 하나는 자아이상 폴더이다. 내가 되고 싶은, 내가 되어야만 하는 비전과 꿈들을 담고 있다. 초자아는 나를 관찰하고 비판하고 벌한다.

초자아는 나를 격려하고 분발하라고 한다. 자신이 초자아의 눈에 비추어 도덕적이지 않으면 죄책감을, 추구하는 가치나 이상에 못 미치면 수치감을 느끼게 된다. 내 마음속의 초자아가 너무 힘이 세면 인생이 고단하다. "모범생"으로만 살아야 되니까. 모범생까지는 아니더라도 내 마음속 초자아가 너무 엄격하면 초자아가 언제 화를 낼지 몰라 늘 긴장하며 산다. 무의식적으로 자기 자신이 자신의 마음에 눈치를 보며 긴장하며 살고 있는 것이다.

초자아가 강한 사람은 누가 뭐라고 하는 것도 아닌데 자기가 자기를 야단치고 벌주는 일도 벌어지기도 한다. 너무 경직되어 융통성이 없는 초자아도 있다. 그러면 세상일에 타협이 불가능해서 앞뒤가 꽉 막힌 사람이 된다. 인생이 팍팍해진다.

반대로 초자아가 너무 약하면 본능적 충동이 이드에서 거침없이 올라온다. 나쁜 짓이나 하는 "사고뭉치"가 되기 십상이다. 내가 무슨 짓을 해도 초자아가 약하기 때문에 이드에 밀려서 나서지 못하기 때문이다. 술버릇이 고약한 사람도 이것으로 설명이 된다. 평상시에 초자아에 억눌려 있던 이드가 술의 힘을 틈타 초자아를 물리치고 내 마음을 통제하는 것이다.

자아는 중재자이다. 자아는 이드, 초자아, 현실 사이에서 모두를 만족시키는 쪽으로 협상을 주도한다. 원하는 것은 무조건 이루려는 이드와 도덕적 잣대를 제시하는 초자아 그리고 냉엄한 현실 사이에서 자아는 합리적인 해결책을 찾으려고 노력한다.

예를 들어보겠다. 친구의 여자 친구를 좋아하는 것은 이드의 행동이다. 이성에게 느끼는 호감은 쉽게 제어되지 않는다. 이드는 속삭인다. "어차피 인생은 한 번 살다 가는 건데, 좋아하는 여자 만나면서 살아야 되지 않아? 그 여자 사랑하잖아?" 이럴 때 초자아는 이런 마음을 제어한다. "친구의 여자에게 그러면 안 된다. 윤리적인 행동이 아니다. 그만둬라." 이럴 때 자아는 현실과 초자아와 이드 사이에서 협상을 하도록 시도한다.

그래서 보통 우리는 "그래, 그냥 멀리서 바라보는 것으로 만족하자." 이렇게 결론 내리는 것이다. 이런 타협을 이끌어 내는 자아의 역할이 매우 중요하다.

직장생활을 잘하려면 이 세 가지 마음의 균형이 잘 맞아야 한다. 이드는 욕망이다. 욕망이 나쁜 것이 아니다. 좋게 이야기하면 내가 성공하려는 마음의 에너지원이다. 초자아는 양심과 윤리, 나 자신에 대한 제어이다. 직장생활 하면서 올바르게 생각하고 판단할 수 있도록 해주는 역할을 하므로 도덕적 윤리적으로 문제없이 순탄하게 직장생활을 할 수 있게 해주는 역할을 한다.

또한 끊임없는 자기계발을 시키는 것도 초자아의 역할이다. 자아는 시련으로부터 나를 지키는 힘이고 스스로를 믿는 힘이다. 내 마음속에 자아가 힘이 있고 강하면 고통스러운 일을 견딜 수 있다.

직장생활을 하다 보면 힘들고 어려운 일들을 여러 가지 형태로 매일 나의 일상에 등장한다. 스트레스와 분노, 불안함, 좌절감, 뜻하지 않은 시련들이 끊임없이 나를 괴롭힌다. 이런 시련들을 잘 극복하려면 평소에 자아의 힘을 키워놓아야 한다.

아무리 스트레스받고 좌절감이 들고 마음이 아파도 "그래 지금은 힘들지만 난 극복할 수 있어. 다시 힘내보자."하며 털고 일어나는 힘이 바로 자아에서 나온다.

열등감에서 빠져나오지 못하고 실패의 좌절감을 극복하지 못하고 예기치 않게 닥친 슬픔을 감당하지 못하는 것은 자아의 힘이 약하기 때문이다. 또한 자아가 약하면 줏대 없는 사람이 되기 쉽다. 산다는 것은 선택과 문제 해결의 연속인데 자아가 약한 사람은 이럴까 저럴까 고민만 하다가 자신의 귀중한 시간들을 다 보내버린다. 자아가 강한 사람들은 자신의 선택을 믿고 실행하는 데 주저함이 없다.

"당신은 어떤 사람인가?"

자꾸 실수하는

자신이 싫은 당신에게

자책과 자기혐오로
낮아진 내 자존감 회복하기

자존감이 낮은 사람들은 보통 '잘못'이나 '실수'라고 하는 그 일을 한 바로 직후에 자신을 자책하는 경우가 대부분이다. 어쩌면 당신도 실수한 후에 속으로 자주 생각하는 말일 수도 있을 것이다. 예를 들면,

"이 바보! 왜 그렇게 멍청하냐?"
"내가 하는 일이 항상 그렇지 뭐."

"난 왜 맨 날 이렇지?"

"거봐 또 실패했잖아. 더 열심히 했어야 했어."

> **"**
>
> 우리는 매 순간 남을 평가하듯이
> 스스로도 매 순간 자신을 평가한다.

우리는 매 순간 남을 평가하듯이 스스로도 매 순간 자신을 평가한다. 스스로를 평가할 때 가장 중요한 것은 긍정적인 관점에서 자신을 이해하고 실수나 실패에 대해서도 연민을 갖고 자기 용서를 하는 것이 바람직한 삶의 태도이다.

하지만 우리는 불행하게도 실패나 실수에 대해 자신의 행동이 잘못되었다거나 나쁘다는 식으로 자기혐오를 하는 쪽으로 자신을 평가하도록 교육받아 왔다. 실수를 했기 때문에 그로 인해 마땅히 고통을 받아야 하고 그 고통을 통해 교훈을 얻어야 한다는 논리가 우리의 삶을 지배하고 있는 것이다.

문제는 이렇게 자기혐오를 통해 교훈을 얻으려는 시도를 반복되다 보면 어느 순간 내 삶의 프레임이 부정적으로 바뀌게 된다는 것이다. 자신을 부정적으로 평가하는 자기혐오가 우리의 삶을 지배하게 되기 때문이다.

부정적인 삶의 프레임으로 자신을 대하는 사람은 자신에 대한 믿음이 적기 때문에 일이 잘 풀리다가 잠시 막히기만 해도 금세 포기하는 경향이 있다.

"어쩐지 잘 풀리더라. 그럼 그렇지 내 주제에 뭘."

자신이 원하는 바를 끈질기게 추구하지 못하는 거다. 끊임없이 자신을 의심하고 이게 진짜 내가 원하는 것인가에 대해서고 반문하며 방황을 한다.

세상을 살아가면서 "나"를 가장 사랑하고 존중해 줘야 하는데 자신을 자책하고 혐오하는 데 시간을 낭비한다. 이런 자책과 자기혐오를 통해 성장과 발전을 추구하지만 진정한 자신의 성장과 발전을 이루지 못한다는 거다.

우리가 그동안 교육받아서 훈련된 자기혐오, 자신의 행동이 잘못되었다거나 나쁘다는 식으로 자신을 비판하는 자기혐오는 결국 낮은 자존감으로 이어지게 된다. 그래서 당신 자존감이 낮은 거다. 본래의 당신 탓이 아니다. 교육되고 훈련된 "당신" 탓이다.

자책과 자기혐오를
욕구와 가치 중심으로 바꾸기

그렇다면 자책과 자기혐오로 낮아진 내 자존감을 어떻게 하면 회복할 수 있을까?

먼저 자신의 실수나 실패, 좌절감을 자책과 자기혐오로 이어지는 부정적인 생각의 프레임을 자신의 욕구나 가치를 중심의 프레임으로 바꾸는 것이 중요하다. 무슨 말이냐고?

예를 들면 이런 거다.

어떤 일을 실수하고 나서 "봐, 또 잘못했잖아?"라며 실수에 대한 자책과 자기혐오를 하기 전에 실수한 내 행동에 대해 관심을 가져보는 것이다. 인간의 모든 행동은 자신의 욕구와 가치를 만족시키기 위한 노력이다.

실수를 한 행동도 나의 어떤 욕구에서 시작되었다는 거다. 그러니까 내가 후회되는 그 행동을 했을 때, 자책하지 말고 내가 어떤 욕구에 의해서 이런 행동을 했는지 스스로에게 물어보는 거다. 자기대화를 해보는 거다.

"실수했지만 지금 이건 내가 어떤 욕구를 충족하려고 한 거였지?"

자책과 자기혐오가 아닌 내 욕구에 대한 이해와 자신의 내면과 연결을 시도해 보는 거다.

인간의 모든 행동은 자신의 욕구를 만족시키기 위한 노력이다 (이 책에서 자주 언급하고 있다).

이렇게 생각을 시작해 보면 내가 실수를 한 행동의 이면에는 내 욕구충족을 위한 나의 노력이 있었고 나름대로 내 욕구를 실현하고자 하는 시도였음을 스스로 이해할 수 있을 것이다. 나에게 이런 욕구가 있었고 그 욕구충족을 위한 과정에서 이런 부분에 문제가 있었다고 스스로를 이해해 주는 거다. 그리고 그다음으로 우리가 우리 자신을 공감해 주는 거다.

"그래서 내가 실수한 거구나. 그래… 그럴 수도 있지."

이렇게 자기혐오가 아닌 자기공감을 해주는 거다. 그러면 자연스럽게 자기용서로 넘어갈 수 있게 된다.

그렇다. 중요한 건 이거다. 우리가 실수하거나 실패했을 때 자기혐오가 아닌 자기공감과 자기용서를 통해서도 얼마든지 교훈을 얻을 수 있다는 사실을 우리는 알아야 한다. 그러면 움츠러든 내 자존감은 어느새 올라가 있을 것이다.

그러니까… 이제부터 자책하지 말고, 자꾸 실수하고 실패를 반복하는 자신을 미워하지 말고 조용히 다독여 주자.

"괜찮아. 이건 좋은 경험이야. 다음에 잘하면 돼." 이렇게…

당신의 자존감,

안녕한가요?

과거의 상처를 딛고
자존감을 갖고 산다는 것

최근 자존감에 대한 사람들의 관심이 늘고 있다. 개인적으로 아주 다행스러운 현상이라고 생각한다. 자존감에 대해 먼저 정의하자면 자존감(Self-Esteem)이란 말 그대로 자신을 존중하고 사랑하는 마음이다. 내가 얼마나 나를 사랑하느냐, 나를 얼마나 근사하게 느끼느냐를 보여주는 계기판과도 같은 거다.

인생을 살면서 자존감을 갖고 산다는 것은 매우 중요한 일이다. 특히 자존감은 직장생활에도 많은 영향을 준다.

현대 직장인들은 직장생활에서 받는 스트레스가 심하다고 호소하는 경우가 많은데, 이는 스트레스를 주는 환경적인 요인이 증가한 이유도 있지만 스트레스에 대한 건강한 방어 시스템이 약해졌기 때문이기도 하다. 스트레스에 대한 방어 시스템이 바로 건강한 자존감이다. 그러니까 직장생활 스트레스의 주요 원인 중 하나가 낮은 자존감이라는 것이다.

"

나는 도대체 언제부터? 왜 자존감이 낮아진 걸까?

직장생활에서 많은 스트레스를 받고, 대인관계에 자신 없고, 남들이 나를 어떻게 생각할까 항상 신경 쓰이고, 남들의 농담 같은 가벼운 평가에도 지나치게 예민하게 반응하고, 항상 상대의 눈치를 살피고 상대에게 맞추기 위해 많은 에너지를 사용하고, 언제나 조금씩 주눅 들어 있는 나… 혹시 자존감이 낮아서 고민하고 있지는 않은가? 당신이 만약 낮은 자존감에 고민하고 있다면 도대체 언제부터? 왜 자존감이 낮아진 걸까?

낮은 자존감은 과거의 상처에서 비롯된다. 만약 나의 자존감이 낮은 편이라면 그건 원래 그런 것이 아니라 지금 현재의 내가 과거의 상처와 연결되어 있기 때문이다. 과거의 상처와 낮은 자존감의 연결고리는 바로 "자책"과 "자기혐오"이다.

우리는 학창 시절부터 세계 최고 수준의 무한경쟁시스템에서 자랐고 성적으로 사람들의 서열을 정하는 사회에서 자랐다. 그 과정에서 필연적으로 내가 바라는 이상과 현재의 모습 사이에 괴리가 발생하게 되고 소위 "실패"와 "좌절"을 맛보게 된다. 태어나서 처음 겪어보는 "실패"와 "좌절"은 자신에 대한 의심으로 커져가고 자책으로 발전하며 자존감 하락이라는 결말로 이어진다.

평균 정도의 성적, 명문대 진학 실패, 대기업 취업 실패, 공무원 시험 실패라는 일련의 사회적 인증에 한 번이라도 실패하고 나면 "나는 결국 이것밖에 안 되는 인간인가?" 이런 경쟁에서 낙오되었다는 패배감과 좌절감, 실패에 대한 기억이 현재의 나와 고스란히 연결되어 있는 것이다.

이로 인해 결국 자존감이 무너져 내리게 된다. 자존감이 무너지면 스스로에 대해 분노하고 비난하게 된다. 상처가 오래되면 분노로 발전하는 법이다. 자신을 공격하고 학대한다. 내 삶에 행복감은 사라지고 자책과 자기혐오만 남은 것이다.

우리 안에는 누구나 "내가 좋아하는 나"가 있고 "내가 싫어하는 나"가 있다.

자책과 자기혐오는 "내가 싫어하는 나"의 비중이 커지는 것을 의미한다. "내가 싫어하는 나"가 현재의 나를 지배하고 있는데 자존감이 높아지려야 높아질 수 없는 것이다.

"

낮은 자존감에서 벗어나려면 어떻게 해야 할까?

그렇다면 낮은 자존감에서 벗어나려면 어떻게 해야 할까?

낮은 자존감을 벗어나기 위해서는 첫 번째로 나와 나의 관계를 복원해야 한다. 먼저 이걸 이야기해야겠다. 자존감이란 나와 타인의 관계의 문제가 아니라는 거다.

우리는 끊임없이 타인에게 인정받기를 원하고 타인에게 인정받음으로써 내 자존감이 올라간다고 생각한다. 주변 사람들에게 좋은 사람으로 보이고 싶어서 최선을 다해 좋은 사람 가면을 쓰고 행동하고 회사에서 인정받고 싶어서 휴일도 반납하고 매일 야근하며 일에만 매달린다.

하지만 내가 기대하는 만큼 인정받지 못하는 경우가 대부분이다. 왜냐하면 나에 대한 평가가 사람마다 전부 제각각인 데다가 공평하거나 공정하거나 일관된 기준으로 평가하지 않기 때문이다. 그때그때 다르고 사람 따라 다르고 그 사람의 그날 기분에 따라 다르다. 사람들은 타인들의 인정에 목말라 하지만 타인들이 나를 평가한다는 것의 본질은 이런 것이다.

"일관되지 않고 언제나 불안정하다."

이렇게 불안정성이 본질인 타인들의 평가에 내 자존감이 좌우되고 있으니 내 자존감도 불안정할 수밖에 없고 당연히 온전한 자존감 형성이 되지 않는 것이다. 결론적으로 이야기하면 타인의 인정에 의해 당신의 자존감이 좌우된다면 당신의 자존감은 결코 올라가지는 않는다.

그저 타인의 인정과 평가에만 매달려 스스로를 채찍질하며 살고 있는 거지…

자존감이란 결국 나와 나의 관계의 문제이기 때문에 타인이 나의 자존감을 높여줄 수는 없다는 것이다. 그렇다. 자존감은 스스로 높여야 한다. 그리고 그 시작이 바로 나와 나의 관계 복원이다. 좀 오글거리게 표현하자면 오늘부터 "나"하고 친하게 지내는 거다. 나 자신의 좋은 면, 긍정적인 점, 잘하는 점을 찾아내서 스스로 인정을 해주는 거다. 자책과 자기혐오로 잔뜩 움츠려 있는 내 마음속의 "내가 좋아하는 나"의 비중을 높여보려는 노력을 해보는 거다.

그리고 중요한 것은 "내가 좋아하는 나"의 모습이 다수의 인정과 사랑을 받지 못한다 하더라도 상관없다는 거다. 그냥 내가 스스로 인정하고 사랑할 수 있으면 그것만으로도 충분하다. 정신승리 아니냐고?

아니다. 이게 바로 자존감이다.

"

실패, 좌절감, 자기혐오, 자책이 끊임없이 나를 괴롭혀 왔지만
그래도 나, 지금 여기까지 꿋꿋하게 잘 오지 않았던가?

두 번째는 과거의 상처, 반복되는 실패에 느꼈던 좌절감, 이런 힘들고 어려웠던 과거와 완전히 단절하는 것이다. 말이 쉽다고? 인정한다. 말이 쉽지, 어려운 일이다. 하지만 어렵더라도 그 길이 맞다면 그 길로 가기 위해 끊임없이 노력해야 하는 것이 우리 인생의 숙명이다.

힘들고 어려웠던 과거와 단절하지 않고서 새로운 나는 없다. 과거는 과거일 뿐. 나는 현재를 살고 있다. 당신이 만약 낮은 자존감으로 고민한다면 이제 더 이상 자책하지 말자.

실패, 좌절감, 자기혐오, 자책이 끊임없이 나를 괴롭혀 왔지만 그래도 나, 지금 여기까지 꿋꿋하게 잘 오지 않았던가? 그렇다. 나는 지금 여기까지 잘 온 것이다.

과거의 상처 때문에 힘들어하는 나, 다독여 주고 위로해 주자.

"너 참 힘들고 어려워도 잘 살아왔구나. 많이도 헤쳐왔구나."

라고…

나는 자존감이

높다고 생각했었다

나의 자존감 보고서

어렸을 적 나는 자존감이 높은 사람이었다. 아니 그렇게 생각했었다.

대학을 졸업하고 내가 입사한 회사는 소위 초일류 대기업이었고 내가 속한 파트는 그중에서도 본사 경영기획실이었다. 태어나서 단 한 번도 일류였던 적이 없는 나에게 일류 직장이 주는 만족감은 굉장했던 것 같다. 대기업 기획실 직원이라는 사회적 정체성에 심취해 어느덧 나는 스스로 대단한 사람이라고 생각하고 있었고 남들과 다른 인생을 살 것이며, 남들처럼 아등바등하며 살지 않을 거라 생각하며 살고 있었다.

난 이때 스스로 자존감이 높은 사람이라고 생각했다. 학벌 좋은 동료들, 능력 있는 주변 사람들과 나를 끊임없이 비교하며 꽤 자주 나에게 몰려들던 열등감, 패배감, 불안감은 외면한 채 말이다.

하지만 시간이 지날수록, 정확히 표현하자면 대기업 직원이라는 사회적 정체성의 만족도가 떨어질수록 나는 점점 더 괴로워져 갔다. 나는 대단한 사람인데 회사에 안주하는 자신이 못마땅해지기 시작했다.

"아니 이 월급으로 언제 부자가 될 거야?"
"내가 지금 이 돈 벌려고 이 회사를 다니는 거야?"
"회사 때려치우고 사업해야 돈다운 돈 만져보는 거 아냐?"

모든 것이 불만스럽고 직장생활은 점점 답답해져 갔다. 당시 우리나라에서 연봉을 가장 많이 주는 회사를 다니면서도 말이다. 그 당시 나는 그저 돈을 벌기 위해서만 살았고 "돈은 나 그 자체"였다. 내가 얼마 버는지, 남들은 얼마 버는지 비교하는 데 많은 시간을 보냈다.

나보다 적게 버는 사람을 보면 행복해졌으며 나보다 많이 버는 사람을 보면 화가 나고 우울해졌다. 돈에서 나의 정체성을 찾으면 찾을수록 비교는 심해지고 감정의 기복은 심해져 갔다.

"나만 불행한 거 같아…"

난 대단한 사람이고 자존감도 높은 사람인데 왜 이렇게 불행한 것 같지?
내 인생은 갈피를 못 잡고 그냥 불안정하게 여기저기 떠다니는 느낌이었다. 혼란스러웠다.

"

내 인생은 갈피를 못 잡고
그냥 불안정하게 여기저기 떠다니는 느낌이었다.
혼란스러웠다.

그러다 어느 날 우연한 기회에 어떤 스님의 강연을 듣게 되었다. 법륜스님이었다.

법륜스님은 자존감에 대해서 이렇게 말씀하셨다.

사람들은 자기 자신을 평가할 때 보통 좋게 평가하는 경향이 있는데 자존감이 낮은 사람들은 자신을 좋게 평가하는 것을 넘어 과대평가한다고 한다. 어? 뭐지? 보통 자존감이 낮은 사람은 자신을 낮게 평가하는 게 아닌가?

법륜스님의 말씀에 따르면 자존감이 낮은 사람들은 자신을 과대평가하여 자신이 대단한 사람이라고 생각하는 환상을 가지고 있다는 것이다.

그래서 이 환상의 모습과 현실의 모습 사이의 괴리감이 생기는데, 이 괴리감이 커지면 커질수록 괴로움도 커진다는 얘기다. 자신이 만든 환상 속의 나는 대단한 사람인데 현실의 나는 초라하고 별 볼 일 없고 인정도 못 받으니 현실의 내 모습을 점점 미워하게 되고 못마땅하여 보기 싫어진다는 것이다.

아… 내가 바로 그런 사람이었다.

내가 바로 스스로를 과대평가한 사람이었던 것이다.

나는 "진짜의 나"로 산 것이 아니라 내가 만들어 놓은 "환상 속의 나"를 이루기 위해 "위선과 허상의 나"로 살았던 것이다. 그리고 그 "환상 속의 나"가 현실화되지 않으니 모든 것이 불만족스럽고 괴롭고 방황하며 살고 있었던 것이다.

내가 탐낸, 남들 보기에 아주 폼 나고 그럴듯한 "환상 속의 나"를 만들어 놓고 그것을 현실화하지 못하는 자신을 학대하고 자학하며 자책하며 살고 있었던 것이다.
그러니 현실의 모든 것이 불만족스러울 수밖에…

알고 보니 나는 그저 욕망과 탐욕, 과시로 만들어진 "환상 속의 나"만 좇는 불나방이었다.
진정한 나를 마주하지 못하고 외면한 채 살아가는, 탐욕스럽지만 용기 없고 자존감 낮은 사람이었던 것이었다. 내가 처음 마주한, 진정한 민낯의 내 내면은 그렇게 일그러진 채 나를 보며 비웃고 있었다.

"몰랐어? 너 그 정도밖에 안 되는 사람이야."

당황스러웠고 깊은 좌절감과 패배감이 느껴졌다. 세상에서 가장 못난 사람처럼 느껴졌다.

어떻게 대처해야 할지 몰라 긴 시간 동안 아무것도 못 하고 그저 가만히 있었다.

하지만, 하지만 나는 좌절하지 않았다. 그리고 용기를 냈다.

그동안 마주할 용기가 없어 피하던 진정한 민낯의 내 내면에게 담담하게 고백한 것이다.

"그래… 내가 그렇게 대단하고 특별한 사람이 아니라는 거 이제 알아… 오히려 평범하거나 조금 못난 존재라는 거, 이제 알아…"

그리고 나는 있는 그대로 내 모습을 인정하기로 했다.

"그래 난 그냥 이 정도인 사람이구나. 근데 이것도 나쁘지는 않네…"하고 말이다.

그때부터 내 마음은 조금씩 편안해졌다.

많은 시간이 흐른 지금, 남들이 볼 때 나는 아무것도 아닌 존재가 되었다.

하지만 나는 자존감이 높은 사람이다. 그리고 그 사실이 자랑스럽다.

사랑, 그놈…

인문학으로 풀어본 당신의 연애 고민

날이면 날마다 오지 않는
뜬금없는 연애학개론

어제저녁에 라디오에서 이런 사연이 들었다. 사연은 이렇다.

자기가 20년 된 여사친이 있다는 거다. 초등학교 때부터 친구고 집안끼리도 잘 알고 매일 붙어 지내는 둘도 없이 친한 사이라고 한다. 상대방의 전화기도 스스럼없이 보고 심지어 전화를 대신 받아주기도 한단다. 너무 붙어 지내니까 친구들이 같이 사냐고 매번 물어본단다. 그도 그럴 것이 여사친이 앞집 산단다. 근데 고민이 생겼단다. 갑자기 어떤 계기로 심쿵 하면서 20년 된 여사친이 갑

자기 여자로 보이기 시작했다는 거다.

그래서 고백을 하고 싶은데 만약에 여사친이 거절을 하면 그동안의 친구관계도 서먹해질까 두려워 고백이 망설여진다는 것이다. 당신이라면 어떻게 하겠는가? 당신이라면 어떻게 조언을 해 줄 것인가? 사연을 읽고 라디오 DJ들은 이러쿵저러쿵 말이 많았지만 난 헛웃음이 나왔다. 고민할 게 뭐가 있는가?

하긴 청춘은 항상 연애 문제가 고민이다. 그래서 이번 연재 글에는 연애 문제로 고민 많은 청춘들을 위해 인문학적 관점으로 연애와 사랑에 대해 통찰해 보고 몇 가지 해결책을 제시해 보았다. 연애에 정답은 없다. 단지 개인적인 의견이니 참고만 하기 바란다.

그 사람이 좋은데
고백할까 말까 망설여져요

이런 쓸데없는 고민을 하는 사람들이 있다. 아니 그 사람이 좋으면 당연히 고백해야지 뭘 망설이나? 거절당할까 봐? 쪽팔릴까 봐? 상처받을까 봐?

하나 질문을 해보겠다. 당신은 왜 사는가? 행복하려고 사는 거 아닌가? 그럼 언제 행복한가? 정말 좋아하는 사람과 사랑할 때 너무 행복하지 않은가? 그렇다면 인생의 가장 큰 행복을 얻으려는데 당신은 그 정도 비용도 치르지 않고 그냥 얻으려고 하나? "그 사람이 좋은데 고백할까 말까 망설여져요." 이런 쓸데없는 고민은 앞에서 언급한 스피노자의 철학을 불러오면 명쾌하게 정리할 수 있다.

스피노자가 행복에 대해 쓴 그의 저서 《에티카》 마지막 문장을 다시 떠올려 보자. 뭐였는지 기억났는가?? "모든 고귀한 것은 힘들 뿐만 아니라 드물다."

기쁨의 윤리학을 통해 행복한 삶을 강조했던 스피노자도 행복은 쉽게 찾아오는 것이 아니며 행복을 얻기 위한 노력을 게을리해서는 안 된다고 이야기한다. 그의 핵심 철학이다. 그러니까 좋아하는 사람을 앞에 두고 고백할까 고민하는 당신은 스피노자의 철학으로 본다면 정말 바보 같은 사람이다.

그 사람과 만약 서로 사랑하게 된다면 얼마나 행복할까? 정말 너무나 행복할 것이다. 하지만 거절이 두려워 고백을 못 하는 당신은 상처는 안 받을 수 있겠지만 그 사람과의 가슴 떨리는 사랑은 영원히 할 수 없게 된다. 당신 스스로 행복할 수 있는 기회를 차버린 것이고 당신은 죽을 때까지 "그때 고백했어야 했는데."라는 후회만 하게 될 것이다.

사랑과 행복은 이런 것이다. 새로운 사람을 만나 더 큰 상처를 받더라도 끊임없이 사랑을 시도하고 노력해야 한다. 그래야 사랑할 수 있고 행복할 수 있기 때문이다. 사랑과 행복은 어려움과 상처가 있더라도 끊임없이 추구해야 얻을 수 있는 것이다.

잊지 말자. 사랑과 행복에는 비용이 따른다는 거. 그 비용을 회피하면 얻을 수 없다는 거.

그 비용이 어마어마하게 느껴져도 내 행복의 가치보다는 저렴하다는 거.

오래 만나서 권태기에 빠진 거 같아요

권태기의 문제를 해결하려면 먼저 인간의 한계와 현실을 인정하는 데서 출발해야 한다. 순간의 열정은 어차피 쉽게 식을 수밖에 없다는 차가운 현실 말이다. 아무리 첫눈에 반한 사이라도 열정은 쉽게 식는다. 만남이 반복되면서 새로울 것 없는 익숙한 사이가 되면 지루해지는 건 당연한 거다. 상대방과의 만남을 지루하게 느낀다고 죄책감 느낄 필요 없다. 인간이면 당연한 거다.

당신이 권태기에 빠졌다면 죄책감을 느끼면서 고민하는 좋은 사람 콤플렉스에서 먼저 벗어나라. 그리고 내 마음을 가만히 들여다보라. 진정 내가 원하는 것이 무엇인지, 새로운 관계가 필요하지만 확신이 없어서 그냥 지금 만나고 있는 이성을 못 놓고 있는 건지, 상대방이 그냥 싫증 나서 더 이상 만나고 싶지 않은 건지, 다른 이성을 만날 때 초반에 느끼는 그 설렘이 그리운 건지, 짜릿함에 대한 갈망인지, 다른 이성의 호감을 통해 나의 매력을 확인하고 "나는 아직 생물학적으로 괜찮다."라는 자기 확신이 필요한지. 그리고 내가 가진 기존의 관계와 새로 갖게 될 미지의 관계와 비교를 해보는 거다.

둘 다 장단점이 분명히 있을 것이다.
예를 들면 이런 거다. 새 운동화를 신으면 뭔가 산뜻하고 기분이 좋지만 발이 꽉 끼어서 불편하다. 헌 운동화는 낡고 지저분하고 산뜻함도 없지만 발이 편하다.

산뜻함 대신에 편안함이 있는 거다. 새 운동화의 산뜻함과 헌 운동화의 편안함, 동시에 모든 것을 다 가질 수는 없다. 인생도 연애도 마찬가지이다.

산뜻함이 더 좋다면 하루빨리 상대방과 결별하라. 그리고 새로운 사람을 최대한 빨리 찾아라. 편안함이 더 좋다면 권태기니 뭐니 하며 고민하지 말고 오늘부터 더 잘해줘라.

그 사람은 나에게 편안함을 주는 소중한 사람이니까.

그 사람과의 이별이 두려워서
못 헤어지겠어요

단도직입적으로 정리해 주겠다. 이별하고 싶은데 상처 때문에 못 하고 있다면 당장 이별해라. 이별을 두려워하지 마라. 왜냐하면 당신은 이별을 생각보다 잘 견딜 수 있는 사람이기 때문이다. 정확히 표현하면 당신뿐만이 아니라 인간이 그런 존재이다.

심리학적 관점에서 보면 우리 마음속에는 부정적인 사건에 직면

했을 때 작동하게 되는 마음속의 면역체계가 있다. 이게 뭔가 하면 우리 몸에 질병이 들어왔을 때 몸을 보호하기 위해 작동하는 면역체계가 존재하듯이 마음에도 심리적 면역체계가 존재한다는 것이다. 이별을 하면 어떤 심리상태가 될까? 슬프고 원망스럽고 비참하기만 할까? 아니다. 일단 이별을 하게 되면 우리 마음의 면역체계가 눈부신 활동을 시작한다.

떠난 사람에 대한 비난에서부터, 그 사람은 처음부터 인연이 아니었다는 자기 위로, 더 좋은 사람을 만나기 위한 과정이라는 등의 자의적인 해석까지 하기 시작한다. 어떤 때는 현실론자가 되고 어떤 때는 철학자가 되기도 한다. 아무튼 갑자기 엄청 스마트해진다. 그리고 활동적으로 변한다. 새로운 취미활동을 시작하기도 하고, 머리 모양을 과감하게 바꾸기도 한다.

이별이라는 부정적인 상황을 맞으면 우리 심리 면역체계는 이렇게 바쁘다. 그리고 이런 탁월한 면역 활동으로 인해 우리는 이별이라는 역경으로부터 예상외로 빨리 벗어나게 된다. 당신이 이별을 두려워하는 것은 이러한 면역체계의 존재와 그 활동을 고려하지 못하기 때문에 연인과 헤어지면 자신이 오랫동안 괴로워할 것이라고 과대 예측한 결과이다. 이별해도 당신은 잘 견딜 수 있으니 미리 걱정하지 말고 마음껏 이별하시라.

그리고 마지막으로 한 가지 이야기하자면 당신과 헤어진 그 사람 말이다. 당신과의 이별에 가슴 아파할 거라는 걱정… 하지 마라. 미안한데 그 인간 잘 먹고 잘 살고 있다.

어떤 욕망이

나를 움직이는가?

나를 움직이는
힘의 원천

　많은 사람들이 대학생 정도 되면 자신을 움직이는 것은 합리적인 이성의 힘이라고 흔히 착각을 한다. 단언컨대 인간의 뇌 구조는 전혀 그렇지 않다. 인간이 판단할 때의 순서는 감정이 우선이고 이성은 많은 영향을 미치지 못한다.

　이성의 역할은 내가 감정적으로 내린 판단을 논리적으로 꿰어 맞춰주는 역할에 지나지 않는다. 이른바 "자기합리화"이다. 사실은 자기 하고 싶은 대로 결정했으면서 내가 틀리지 않았다는 것을 스스로에게 설득하기 위해 논리를 만드는 것이다.

그러니까 우리가 어떤 일을 판단할 때 우리 자신은 차갑고 냉철하게 이성적으로 판단한다고 자부하지만, 사실은 이성은 거의 사용하지 않고 내가 하고 싶은 감정대로 판단하는 것이다. 그리고 이미 감정으로 판단하고 결정을 내린 상태에서 뒤늦게 이성을 동원하여 논리로 정당화하는 것이다.

잘 생각해 보면 비합리적인 기분이나 느낌이 훨씬 더 자주, 그리고 강하게 나를 움직이고 있다. 이성적 판단과 상관없이 우리는 기분 내키면 무슨 일이든지 하고 기분이 내키지 않으면 조그만 일에도 움직이지 않는 경향이 있다.

심지어 아주 기분이 안 좋으면 엉뚱한 일을 저지르기도 한다. 이것을 우리는 "욕망"이라고 한다. 욕망은 우리를 움직이는 힘이다. 그렇다면 어떤 욕망이 나를 움직이는 것일까? 먼저 생존욕망이다. 인간은 동물이다. 그래서 우선 생존이 중요하다. 생존하기 위해서 우리는 먹고 마시고 잔다. 배가 고프면 어떻게라도 먹을 것을 찾아서 허기를 먼저 해결해야 한다.

태어나자마자 아무것도 모르는 아기가 엄마 젖을 왕성하게 빨아 대는 것은 생존욕망의 가장 대표적인 상징이다. 생존 다음이 안전이다. 안전을 바꾸어 말하면 공포가 없는 상태이다. 우리는 혼자있기 불안해서 공동체를 이루고 모여 산다. 친구를 사귀고, 가족을 만든다. 물리적인 안전도 굉장히 중요한 역할을 한다. 단독주택보다는 고급 아파트가 더 안전할 것 같다고 느끼는 사람이 많기때문에 사람들은 그곳으로 이사하기 위해 애써서 돈을 모은다.

나와 맞는 사람을 찾아 헤매다
- 소속감

우리를 움직이게 하는 욕망 중에는 누군가에게 또는 어떤 집단에 소속되고자 하는 욕망도 있다. 우리는 스스로 의식하지는 못하지만 나와 이야기가 통하는 사람을 항상 찾고 있다. 친구를 찾고연인을 만들고 싶어 한다. 그 사람이 좋고 그 사람에게 속하고 싶다. 커플링을 사서 그에게 줄 수 있는 날을 기다리기도 한다.

그러나 그는 나에게 관심이 없는 듯하다. 그의 곁을 그저 위성처럼 맴돈다. 마음이 아픈데도 그의 곁을 떠날 수 없다. 어리석게 보일지 몰라도 모두 다 누군가에게 속하고 싶기 때문이다.

이렇게 소속감은 나를 움직이는 커다란 원동력이다. 소속감이 나를 어떻게 움직이는지 알고 싶다면 평소에 참석하는 모임들을 한번 생각해 보라. 초등학교 동창회, 중고등학교 동창회, 대학교 동창회, 각종 동아리, 온라인 동호회와 스터디그룹, 각종 모임 등 의외로 자신이 놀랄 정도로 아주 많다는 것을 알 수 있을 것이다. 인간은 자유를 갈망하면서도 아이러니하게도 누군가에게, 어떤 집단에 소속되기를 열망하는 것이다.

우리는 본능적으로 소속되어 있다는 사실에 안도감을 느끼고 기쁨과 같은 행복감을 느끼고 소속감이 없거나 소속감을 타인으로부터 박탈당하면 굉장한 괴로움을 느낀다. 흔히들 "왕따"라고 불리는 경우가 이런 상태의 일종이라고 할 수 있다. 왕따가 애들만의 일이 아니다. 어른들 사이에서도 따돌림은 자주 벌어지는 일들이다.

타의에 의해 소속감을 박탈당하게 되는 것처럼 고통스러운 일은 없다. 그렇기 때문에 왕따를 당하지 않기 위해 오늘도 우리는 열심히 여러 모임을 헉헉거리며 돌아다니느라 발품을 판다. SNS를 사용하고, 메일을 쓰고, 페이스북과 인스타그램을 돌아다니면서 댓글을 남긴다. 그렇게 사는 것이 쓸데없이 고단한 듯이 보이지만 소속은 생존과 안전을 위해서도 중요하다. 자신을 계발하는 행위도 소속감을 얻기 위한 것으로 이해할 수 있다.

세상이라는 곳에 소속되고 싶은 욕망이 나를 움직이는 것이다. 우리는 아침에 일어나 인터넷 검색을 하고, 책을 읽고, 잡지를 보고, 음악을 듣고, 그림을 감상한다. 이런 일들이 인지적 욕구에서 오는 것이기도 하지만 이것 역시 세상에 속하고 싶은 욕구를 표현하는 것이다.

남에게 굽히지 않고
자신의 품위를 스스로 지키는 마음, 자존심

자존심도 나를 움직이는 매우 중요한 힘이다. 자존심이란 남에게 굽히지 않고 자신의 품위를 스스로 지키는 마음이다. 자존심은 정신분석학에서 자주 거론되는 주제이다. 그만큼 인간 마음에 중요한 자양분이라는 뜻이다. 남들 앞에서 무언가 잘하고 싶은 것은 자존심을 살리고 싶은 욕구이다.

그래서 한밤에도 지친 몸을 이끌고 야구나 악기연주를 연습한다. 노래방에서 어떤 사람에게 멋있게 보이고 싶어 악보를 찾고 노래 파일을 구해 열심히 따라 불러보기도 한다.

자존심이 상하면 자기를 사랑하는 마음이 상처를 받고, 지속적으로 자존심에 상처를 입으면 사람은 성격이 꼬이거나 틀어진다. 자존심이 낮고 마음이 취약한 사람들은 자존심의 에너지 동력을 자기 안에 갖지 못하고 다른 사람에게 의존한다. 부모에게, 연인에게 의존하거나, 혹은 자기가 가지고 있는 사회에서 주는 타이틀 팀장, 부장, 이사, 사장 같은 이런 각종 사회적 타이틀에 자신의 아이덴티티를 부여하고 여기에 의존하는 사람들이 자존심이 낮고 마음이 취약한 사람들이다.

이런 사람의 자존심은 겉으로는 프라이드가 높아 보이지만 속을 들여다보면 마음은 일그러져 있어 흠집투성이이다. 자존심이 낮은 사람의 대인 관계는 정말 어렵다. 자신의 부족한 부분을 다른 사람이 인정해 주고 지지해 주는 것에서 채우려 하기 때문이다. 나의 만족과 행복은 타인의 시선과 인정에 있기 때문에 항상 타인의 시선을 신경 쓰고 타인의 관심을 구걸한다. 요즘 말로 "관종"이라고 한다.

하지만 이런 행동에는 원천적인 모순점이 있다. 나를 인정해 줄 타인도 신이 아닌 인간이기에 안정적이고 정확하게, 그리고 항상 사리에 맞게 나를 인정하거나 지지해 주지 않는다. 불안정한 존재에게 나의 관심과 행복을 맡긴 꼴이니 나의 감정 또한 불안정하고 신경이 곤두서 있다. 그렇기 때문에 남의 인정과 관심이 필요 없이 나 스스로 자존심의 에너지를 채울 수 있어야 한다. 이것이 바로 "건강한 마음"이다.

내가 가진 잠재력들의 완전한 실현
– 자기실현(Self-Actualization)

자기실현(Self-Actualization)이라는 동기도 나를 움직이는 데 엄청난 힘을 발휘한다. 우리가 삶을 살아가게 하는 최고의 동력은 자기실현이라는 주장이 있을 정도이다. 대형 서점에 엄청나게 쌓여 있는 자기계발서 들이 바로 우리에게 얼마나 자기실현이라는 것이 중요한지를 보여주는 증거이다.

자기실현의 교과서적 정의는 내가 가진 잠재력들의 완전한 실현이다. 그러나 그것보다는 "내가 가진 잠재력을 최대한 실현하고자 노력하는 것"이라고 정의하는 편이 더 맞을 것이다. 결과보다는 과정이 더 중요하다는 의미이기도 하고, 또 실제로 결과보다 과정을 통해서 자기실현 욕구가 더 많이 충족되기 때문이다. 그리고 결과가 좋으려면 과정이 튼튼해야 하는 법이다.

그렇다면 내가 자기실현을 잘하고 있는지는 어떻게 알 수 있을까? 자기실현 욕구가 강한 사람은 인생을 주도적으로 살려고 노력한다. 남의 기대나 의견과 같은 외부 압력에 휘둘리지 않고 독립적으로 행동하려 한다. 인생이 문제 해결의 연속이라는 것을 받아들이고 문제가 생기면 회피하기보다는 해결하려고 노력한다. 나와 남을 있는 그대로 받아들이고 편견을 줄이려고 노력한다. 자신의 삶의 정면으로 바라보고 있는 그대로를 받아들일 준비가 되어있다. 이것이 자기실현을 잘하고 있는 사람들의 특징이다.

우리가 타인의 인정에

집착하는 이유

타인에게 인정받고 싶어 하는
욕망에 대한 생각

우리 인간의 조상인 호모사피엔스는 원래 못난 원숭이였다고 한다. 나무 위에서 열매를 따 먹으면서 살다가 다른 힘센 원숭이들한테 밀려서 나무 아래로 내려오고 말았다는 것이 일반적인 학설이다. 그런데 이 원숭이가 어떻게 이 지구를 정복하는 데 성공했을까. 그리고 왜 우리 조상과 비슷한 네안데르탈인은 호모사피엔스에게 졌을까.

네안데르탈인은 우리 조상보다 뇌도 더 커서 똑똑했고 힘도 더 셌다고 한다. 이에 호모사피엔스는 생존을 위해 집단을 이루기 시작한다. 집단적으로 소속감을 가지고 서로 협동하여 네안데르탈인의 공격에 맞서기 시작했다. 이것이 호모사피엔스의 승리 요인인 동시에 인간의 사회적 교류의 시작이다.

인지신경과학을 창시한 미국의 저명한 뇌 생물학자인 마이클 가자니가에 따르면, 인간의 뇌 중 전두엽이 지금처럼 커지게 된 것은 집단생활로 인해 사회적 교류가 급격히 증가하면서부터라고 한다. 석기시대 유적을 분석할 때 대체로 한 부족에는 150명 내외의 사람들이 살던 것으로 추정된다. 그런데 인간이 조직적인 계층 구조 없이 관리할 수 있는 사람의 수는 150~200명이다. 아직도 인간의 사회적 뇌는 석기시대인 것이다.

그런 좁은 사회에서는 일을 통해 인정받는다는 것이 무엇보다 중요했다. 사냥, 농사, 채집, 전투 등 그 무엇이 되었든 잘하는 일이 있을 때 주위의 인정을 받고 명예를 얻을 수 있었다. 그런 사람들이 지도자가 되어 권력을 얻고 결혼도 해서 집안이 번성하고 자손도 많았다. 지금 같이 다양한 직종, 다양한 정신노동이 존재하지 않던 시절에는 열심히 일하는 것으로 인정받아야 했다.

원시시대에 집단에서 인정을 받는다는 것은 자신의 생존을 보장 받음과 동시에 보다 폭넓게 종족 번식을 할 수 있다는 것과 동일시 되었다.

인간이 인정을 받고 싶어 하는 심리는 여기서부터 출발한 것이 다. 주변으로부터 칭찬을 들으면 기분이 좋아지지 않는가? 칭찬 을 듣는다는 것은 내가 인정을 받는다는 것이고 인정을 받으면 내 생존확률이 높아진다는 것을 뜻한다. 원시인의 DNA가 그대로 남 아 있는 것이다. 그래서 우리가 칭찬을 들으면 인정받는 기분이 들면서 기분이 좋아지는 것이다.

현대사회의 사람들을 일을 통해 인정받기를 원한다. 당연한 욕 구이다. 일을 통해 타인으로부터 인정을 받음으로써 자존감을 높 일 수 있다. 인정을 받는다는 것은 우리가 일을 하는 데 있어 중요 한 동기이다. 사람들은 일의 성과를 통해, 금전적인 보상을 통해 인정을 받으면 대단히 기뻐한다.

특히 직장인들은 급여와 같은 보상을 통해서 자신의 가치를 인 정을 받는다고 생각하는 경향이 강하다. 보상의 규모를 통해서 내 가 얼마나 능력이 있는지 확인하고, 월급이 올라가는 것을 내가 일을 잘하고 있다는 신호로 받아들이고 인정받았다는 생각에 더욱 열심히 한다.

하지만 이런 판단이 역으로 작용해서 자신이 원하는 월급을 받지 못하면 자신의 능력이 부족하다는 증거라는 부정적 생각에 사로잡혀 의욕이 사라지고 만다. 그렇게 되어 의욕이 떨어지면 일을 게을리하게 되면서 결국 그 월급에 어울리는 사람이 된다.

더군다나 자의 혹은 타의로 직장을 그만두게 돼서 실직자가 되면 자신이 아무 능력도 없는 무가치한 존재라고 생각하게 된다. 하지만 내가 가지고 있는 능력에 대해서 세상이 돈을 지불하지 않는 것일 뿐 내가 무가치하지는 않은 것이다.

66

**세상이 나를 인정하지 않아도
나는 나를 인정해 줘야 살아갈 수 있다.**

내가 세상으로부터 인정받는다는 기준을 너무 금전이나 사회적 지위로 판단하지 말자. 금전이나 사회적 지위는 인생에 있어서 오르막과 내리막이 분명히 있다. 나만의 기준을 만들어서 세월이 흘러도 스스로 자랑스러워할 만한 의미 있는 업적을 남기고자 노력하자.

이러한 업적은 타인에게 인정받는 데 필요한 것이 아니다. 타인으로부터 관심을 끌기 위해 필요한 것도 아니다. 나 자신이 나를 인정하게 하는 데 필요하다. 세상이 나를 인정하지 않아도 나는 나를 인정해 줘야 살아갈 수 있다. 내 삶의 주인은 남이 아니라 나 자신이다.

Part 5

앞으로
난 어떻게
살아야 하는가?

미래가

궁금하세요?

내 미래를 결정하는
정답에 가까운 선택

우리는 항상 미래에 대해 생각한다. 앞으로 무엇을 이루겠다는 목표를 세우고 꿈을 만들고 계획을 세운다. 한편으로는 불투명한 내 미래가 불안하고 걱정되기도 한다.

내 미래는 어떻게 될까? 이것과 관련해서 이런 생각들을 해보았을 것이다.

"이렇게 노력하다 보면 언젠가 좋은 날이 오겠지."

"내 미래는 이미 결정되어 있고 나는 그 운명대로 따라가고 있는 중이 아닐까?"

"앞으로 내 인생 어떻게 흘러갈지 전혀 모르겠다. 표류하고 있는 느낌이다. 너무 불안하다."

이런 생각들을 한 번쯤은 해보았을 것이다. 우리가 생각하는 미래와 관련된 키워드 단어들은 이렇다… 꿈, 계획, 성취, 성공, 실패, 운명, 불안.

하지만 내 미래와 가장 밀접한 관계가 있는 키워드는 바로 "선택"이다.

우리들은 우리들의 삶과 미래가 나 자신이 세운 계획과 실천에 의해 결정된다고 생각하지만, 사실은 그렇지 않다. 평소에 내가 어떤 생각을 하고 있고 어떤 성향인지에 따라 결정된다. 좀 더 정확히 이야기하면 어느 날 갑자기 나에게 다가온 우연적인 일을 내가 어떻게 선택하느냐에 따라 내 미래가 결정된다는 거다.

이 선택을 좌우하는 건 평소에 내가 가진 생각과 태도, 기질과 성향이다. 이것을 바탕으로 우리는 끊임없는 선택을 하며 살고 있다. 잘 생각해 보면 현재의 나는 과거 나의 선택의 결과물이다. 현재의 나는 자기 선택의 누적분이라는 거다.

> **"**
> 이제 좀 삶에 대해서 뭔가 좀 알아가게 될 때쯤이 되면
> 노인이 돼서 기회가 없어지고,
> 인생에 아직 많은 기회와 선택이 남아 있는 젊은이들은
> 경험이 부족해서 정답에 가까운 선택을 하기가 힘들다.

뜻대로 되지 않고 약간 꼬인 내 인생, 그러니까 지금부터라도 정답만을 선택할 수 있으면 좋겠지만 그게 어디 쉬운 일이던가? 우리 인생의 문제는 인생이라는 긴 여정 속에서 우연히 나에게 다가온 일들을 정답만을 선택할 수 없다는 데 있는 것이다.

삶에 대해서 뭔가 좀 알게 되어 정답을 선택할 수 있을 때쯤이 되면 노인이 돼서 기회가 없어지고, 인생에 아직 많은 기회와 선택이 남아 있는 젊은이들은 경험이 부족해서 정답에 가까운 선택을 하기가 힘들다.

직장생활을 하고 있는 당신이 아직 젊다면 앞으로 끊임없이 선택의 기로에 설 것이고 그 선택 중에는 정답도 있을 것이고 정답에 가까운 답을 선택할 수도 있고 오답을 선택할 수도 있다. 하지만 최악의 오답은 피해야 한다.

"

**인간이 판단할 때의 순서는 감정이 우선이고
이성은 많은 영향을 미치지 못한다.**

그렇다면 우리는 어떤 경우에 인생의 최악의 오답을 선택하게 되는 걸까?

첫 번째는 지나치게 욕망이 앞선 상태에서 선택을 하게 되는 경우이다.

흔히 많은 사람들은 대학생 정도 되면 자신을 움직이는 것은 합리적인 이성의 힘이라고 생각을 한다. 하지만 불행히도 우리 인간들의 뇌 구조는 전혀 그렇지 않다.

인간이 판단할 때의 순서는 감정이 우선이고 이성은 많은 영향을 미치지 못한다. 이성의 역할은 내가 감정적으로 내린 판단을 논리적으로 꿰어 맞춰주는 역할에 지나지 않는다. 이른바 '자기합리화'이다. 사실은 자기 하고 싶은 대로 결정했으면서 내가 틀리지 않았다는 것을 스스로에게 설득하기 위해 논리를 만드는 것이다.

　그러니까 우리가 어떤 일을 판단할 때 우리 자신은 차갑고 냉철하게 이성적으로 판단한다고 자부하지만 사실은 이성은 거의 사용하지 않고 내가 하고 싶은 감정대로 판단하는 것이다. 그리고 이미 감정으로 판단하고 결정을 내린 상태에서 뒤늦게 이성을 동원하여 논리로 정당화하는 것이다.

　결국 우리들은 스스로 매우 이성적이라고 판단하고 선택한다고 생각하지만 사실은 하고 싶은 대로, 욕망하는 대로 판단하고 선택하는 것이다. 욕망은 나를 움직이는 힘이고 내 선택의 판단 기준이다. 하지만 지나치게 욕망이 앞선 선택을 하면 그 선택은 인생의 커다란 오답이 될 가능성이 높다. 욕망에 눈이 가려져 올바른 선택을 못 하는 거다.

　많은 사람들이 넘치는 욕망을 주체 못 하여 표출하는 것을 도전이라고 포장하고 자기 합리화한다. 하지만 무모한 도전과 분에 넘치는 욕망을 혼동하면 어김없이 인생 최악의 오답을 선택할 가능성이 높다. 무엇보다 자신의 현재 위치와 실력, 노력과 가능성을 과대평가하지 말고 있는 그대로 냉정하게 나 자신을 평가할 수 있어야 한다.

그리고 이를 바탕으로 목표를 세우고 도전을 할 때 비로소 우리는 성취라는 기쁨을 얻을 수 있고 부산물로 타인으로부터의 인정, 목표했던 돈, 갖고 싶었던 명예, 오르고 싶었던 지위, 살고 싶었던 아파트 평수 등을 얻을 수 있는 것이다.

꿈은 클수록 좋다고 하지만 그 꿈의 크기에 맞는 현실적인 능력과 노력이 동반되지 않는 상태에서 무모한 도전과 선택을 하는 것은 꿈의 실현도 아니고 아름다운 도전도 아니다. 그저 욕망에 눈이 가려져서 잘못된 선택을 한 것일 뿐이다.

자본주의는 끊임없이 성공과 관련된 상징 코드를 확대 재생산한다.

페라리, 포르셰 같은 고급 외제차, 강남의 고급 아파트 이런 성공과 관련된 상징 코드를 우리들한테 보여주면서 이렇게 속삭인다.

"한번 도전해 봐. 너에겐 꿈이 있잖아. 인생은 어차피 한 번이야. 더 늦기 전에 도전해 봐."

하지만 준비도 경험도 자본도 없는 상태에서 단지 꿈과 이상만을 좇는다면 그것은 인생 최대의 잘못된 선택이 될 가능성이 높다. 남들에게 과시하고 싶어 안달 나 있는 자신의 욕망을 도전이라고 포장하지 말기를 바란다. 잘못된 선택의 가장 흔한 유형이니까.

두 번째는 삶 전체를 아우르는 통찰력이 부족한 경우이다. 우리가 살아가면서 올바른 선택을 하려면 삶에 대한 통찰력이 있어야 한다는 것은 상식일 것이다. 삶에 대한 통찰력은 주로 경험에서 나온다. 하지만 여기에는 인생의 아이러니가 있다.

산전수전 다 겪으면서 경험을 쌓고 이제 좀 삶에 대해서 뭔가 좀 알아가게 될 때쯤이 되면 이미 시간이 많이 지나 노인이 돼서 기회가 없어지고, 인생에 아직 많은 기회와 선택이 남아 있는 젊은이들은 경험이 부족해서 정답에 가까운 선택을 하기가 힘들다. 이게 인생이다. 하지만 젊은이들에게도 방법은 있다. 직접 경험은 적더라도 간접경험의 기회를 늘리는 것이다. 그게 뭐냐고?

가장 좋은 간접경험은 바로 독서이다. 독서만큼 좋은 경험은 없다. 당신도 지금 이 글을 읽으며 조금씩 생각의 크기를 키우고 있지 않은가? 책 한 권에는 작가의 모든 인생, 지혜로운 생각, 새로운 생각의 방법, 생각지도 못한 정보, 작가의 다양한 주장들이 담겨 있다. 이 모든 것을 2만 원 조금 안되는 금액으로 얻을 수 있는 것이다. 진짜 개이득이다. 오늘 당장 책 한 권을 사서 삶의 지혜를 얻고 삶 전체를 아우를 수 있는 통찰력을 키우기 바란다.

그것은 내 생각의 자양분이 될 것이고 앞으로 내가 살면서 우연히 닥친 선택의 기로에 섰을 때 지혜로운 선택에 도움을 줄 것이고 기준이 될 것이다.

또 하나 꼭 권하고 싶은 것은 여행을 많이 하라는 것이다. 여행만큼 인생에 도움이 되는 경험은 없다. 특히 젊은 시절의 여행은 인생의 큰 줄기를 만들어 주는 소중한 경험이다. 이거 하나는 꼭 이야기하고 싶다. 영어단어 외우느라, 스펙 쌓느라 금쪽같이 소중한 당신의 젊은 시절을 낭비하지 말기를 바란다. 당신의 가장 좋은 스펙은 새로운 경험이고 새로운 경험은 여행에서 가장 많이 얻을 수 있다. 긴말 필요 없다. 떠날 수 있을 때 떠나라. 그리고 마음껏 세상을 느끼고 즐기기 바란다.

세 번째는 자존감이 낮은 경우이다.

자존감은 나를 움직이는 매우 중요한 힘이다. 자존감이란 남에게 굽히지 않고 자신의 품위를 스스로 지키는 마음이다. 남들 앞에서 무언가 잘하고 싶은 것은 자존감을 살리고 싶은 욕구이다. 자존감이 강한 사람들은 스스로를 인정하고 마음이 건강하다. 욕망이 생기면 스스로 충족하고자 건전하게 노력한다. 이 욕망의 만족은 스스로의 만족이지 타인의 시선이나 인정을 필요로 하지 않는다.

반면에 자존감이 낮고 마음이 취약한 사람들은 자신의 정체성을 자기가 가지고 있는 사회에서 주는 타이틀, 예를 들면 팀장, 부장, 이사, 사장 같은 이런 각종 사회적 타이틀에 의존하는 경우가 많다. 그렇기 때문에 맹목적으로 사회적 타이틀에 집착한다. 이런 사람의 자존감은 겉으로는 프라이드가 높아 보이지만 속을 들여다보면 마음은 일그러져 있고 흠집투성이인 경우가 많다.

"

**자존감이 낮은 사람은 모든 판단과 선택의 기준이
남들이 나를 어떻게 생각하는지에 집착하기 때문에
인생에서 가장 중요한 순간에 올바른 선택을 하기가 어렵다.**

자존감이 낮은 사람은 인생의 중요한 순간에 올바른 선택을 하기가 어렵다. 설사 정답에 가까운 선택을 했더라도 그 선택은 자신이 행복하지 않은 선택을 했을 가능성이 높다. 모든 판단과 선택의 기준이 남들이 나를 어떻게 생각하는지에 집착하기 때문이다. 또한 자신의 부족한 부분을 다른 사람이 인정해 주고 지지해 주는 것에서 메우려 하고 나의 만족과 행복은 타인의 시선과 인정에 있기 때문에 항상 타인의 시선을 신경 쓰고 타인의 관심을 구걸하면서 살아왔기 때문이다.

내 인생의 모든 선택은 남의 시선이나 남의 인정과 관계없이 나 스스로 판단해서 선택할 수 있어야 한다. 그래야 올바른 선택을 할 수 있고 그게 바로 자존감이고 건강한 마음이다.

자존감이 강한 사람은 인생을 주도적으로 살려고 노력한다. 자신의 삶을 정면으로 바라보고 있는 그대로를 받아들일 준비가 되어 있다. 이것이 자존감이 강한 사람들의 특징이다.

이제 당신 미래에 대한 핵심 키워드를 정리하면 이렇다. 선택, 욕망, 통찰, 독서, 여행, 자존감이다. 열정, 스펙, 계획, 성취, 운명, 불안이 아니라.

이제부터 당신, 인생을 어떻게 살 것인가?

퇴사를 고민하고 있는

당신에게

회사가 전쟁터라고?
밖은 지옥이다

직장인들은 항상 불안하다. 막연히 회사가 나를 언제 자를지 모른다는 불안감, 경기도 안 좋다는데 언제 감원의 태풍이 불어서 조직에서 쫓겨날지 모른다는 불안감, 내가 나가주었으면 하고 회사가 바라고 있지는 않은지 하는 불안감. 나의 부족한 점을 언젠가 회사가 알게 되어 나를 자를지 모른다는 불안감. 나는 언젠가 잘릴 거라는 불안감에 못 이겨서 스스로 그만두는 사람이 상당히 많다.

그러나 단언하건대 회사가 비상경영상태가 아니라면 회사는 당신의 사표 따위에 관심 없다. 당신을 괴롭히는 상사도 당신의 사표를 받기 위해 용의주도하고 주도면밀하게 움직일 능력도 여유도 없다. 오히려 당신이 사표를 내면 "혹시 사람들이 나 때문이라고 생각하면 어떻게 하지."하는 불안에 떨지도 모른다.

당신은 그저 대한민국의 수많은 직장인 중 한 명일 뿐 눈앞에 닥치지 않은 불안 때문에 미래를 미리 결정할 필요는 없다. 아무리 긍정적이고 적극적으로 직장생활을 하는 사람이라 하더라도 항상 신나고 활기찰 수는 없다.

인간인 이상 특별한 이유 없이도 기운 빠지고 시큰둥해지는 때가 찾아오게 마련이다. 여기에 상사의 꾸지람, 업무적 태클, 고과와 인간관계 등 갈등 요소가 더해지면 상황은 더 악화된다. 모든 일에는 오르막이 있으면 내리막이 있듯이 직장생활을 하다 보면 그런 때가 있다가도 적당히 나아지고, 상황이 호전되기도 한다.

당신이 지금 직장생활을 하는 데 있어서 힘든 시기라면 나만의 중심을 갖고 버텨내야 하는 시간인 것이다. 이 또한 지나가는 시간이라는 마인드가 필요하다. 직장생활이란 우리 삶과 같아서 오르막이 있으면 내리막이 있다. 마찬가지로 내리막이 있으면 오르막도 있는 것이다. 지금 잠시 내리막에 있다고 괜히 사표를 쓰는 극단적으로 판단할 이유가 전혀 없다.

상사가 나를 싫어하는가? 미워하는가? 나를 싫어하는 상사는 내가 그가 바라는 대로 내가 행동하지 않기 때문이다. 즉 그가 원하는 대로 행동하면 관계는 변할 수 있다. "부장은 괴팍하고 변덕스럽고 까다로워서 아무리 노력해도 안 돼."라는 생각을 하고 있을 것이다.

그렇다면 한번 부장이 나에게 화내고 야단치고 짜증 내는 상황을 기억나는 대로 적어보라. 일련의 패턴이 떠오를 것이다. 꼼꼼하지 못하고 허점이 많은 보고서, 집중하지 못하는 업무태도, 부족한 업무지식, 확실하게 지키지 못하는 시간 엄수 문제, 간신히 지각만 면하는 근태 문제일 것이다. 즉 모든 문제는 당신에게서 시작되었다는 것이다. 결국 당신이 사회적 경쟁력을 갖추고 싶다면 보완해야 할 내용들이다. 스스로 한번 평가해 보자.

"나는 성실한가?"
"나는 정직한가?"

"나는 진정성이 있는가?"

"나는 회사에 애정이 있는가?"

이 네 가지 항목 중 하나라도 자신 있게 "예."라고 답할 수 있으면 사표는 유보하라. 당신은 조직에서 원하고 필요로 하는 가장 기본적인 장점을 갖추고 있기 때문이다. 위 네 가지 항목은 승진이나 인사 평가에서 가장 높은 점수를 받게 되는 항목이기도 하다.

당신이 지금 낙담해 있는 상황이라면 이런 얘기도 개소리로 들리겠지만, 만약 지금의 낙담을 당신이 버텨낼 수만 있다면 지금이 고난이 전화위복이 될 수 있다.

"인생선배로서 장담한다."

"

회사가 전쟁터라고? 밖은 지옥이다.

회사가 전쟁터라면 밖은 지옥이다. 드라마 〈미생〉에서 나왔던

대사다. 내가 후배들에게 항상 강조하는 것이 괜히 도전한다고 절대 회사 밖으로 나가면 안 된다는 것이다. 지금도 그렇고 앞으로도 그렇고 회사를 그만두고 사업이나 장사를 하겠다는 생각은 아예 안 하는 게 상책이다. 나도 한때 벤처기업 사장이었다. 유망 중소기업상도 받고 정부에서 주는 수출훈장도 받고 나름 잘나가는 청년사업가였다.

물론 처음부터 잘나간 것은 아니었다. 사업 초창기는 외롭다. 돈도 없고 친구도 없고 거래처도 없다. 회사를 그만두고 사업을 시작하고 가장 큰 변화는 친구들이 연락이 잘 안 된다는 것이다. 내 전화를 피하는 거다. 왜 피하냐고? 뻔하지 않은가? 돈 빌려달라고 할까 봐. 이런 설움을 겪었지만 사업은 초기의 몇 번의 고비를 넘기고 안정적으로 자리 잡기 시작했다.

안정적 매출에 전량수출만 하는 기업으로 정부 유관기관이나 은행 쪽에서도 좋은 평가를 받아 든든한 지원을 받게 되었고, 새벽까지 생산해도 주문량을 못 맞출 정도로 주문이 폭주했다.

회사는 정부로부터 벤처기업으로 인증되었고 시간이 갈수록 대한민국 유망중소기업, 수출탑 수상 등 화려한 간판을 달게 되었다. 회사가 매스컴도 타고 내가 사업이 좀 된다고 소문이 나게 되면서 주변 사람들이 정말이지 미친 듯이 연락을 해댄다. 술 사라는 연락부터 납품문의, 동업문의, 투자문의까지 아주 정신이 없다. 친구들만 이러면 다행이다. 난 내가 지금까지 이렇게 인맥이 넓은지 몰랐다. 사돈에 팔촌에 오만 군데서 다 연락이 온다.

심지어는 이름도 기억이 안 나는 초등학교 동창한테도 연락이 와서 친한 척을 한다. 다들 그렇게 연락하는 게 뭐 떡고물 없나 해서 연락하는 거다. 그러다가 경기가 안 좋아지면서 사업이 좀 안 좋다고 소문이 나니까 그렇게 불타나게 오던 연락은 뚝 끊기고 다들 또 전화 안 받는다. 이것이 세상인심이다. 세상은 생각보다 훨씬 더 차갑다.

내가 사업을 하면서 절실하게 느낀 것이 있다. 월급쟁이들은 아무리 일이 힘들더라도 가정의 행복을 이야기한다. 근데 사업하시는 분들과 이야기를 하다 보면 다들 생존을 이야기한다. 내가 사업하면서 가장 두려웠던 게 뭔지 아는가? 한국에서는 한번 무너지면 다시 재기하기가 불가능에 가깝다는 사실이었다.

재기를 못 하면 어떻게 되겠는가? 맨 먼저 가정이 무너지고 그 다음으로 생존을 위협받는다. 한국은 OECD 자살률 1위, 자살의 주요 원인이 뭐겠는가? 당연히 돈 때문이다. 우리는 한번 삐끗하면 생존하기 쉽지 않은 나라에서 살고 있는 것이다.

　참고로 우리가 OECD 말고 전 세계에서는 자살률이 3위인데 2위가 어딘지 아는가? 북한이다. 전 세계 자살률 2위가 북한이고 3위가 한국이다. 좀 슬프지 아니한가? 한국에서 중소기업을 창업할 경우 5년 이상 생존할 수 있는 확률은 30%밖에 되지 않는다. 열 개중에 일곱 개는 5년 안에 망한다는 거다. 인터넷 쇼핑몰의 생존율을 아는가? 2%다. 백 개 창업하면 두 개만 살아남는다. 이 사람들이 노력을 안 해서 망했겠는가? 사업에는 예상치 못한 변수들이 너무 많다.

　그러니까 절대 사업하지 마라. 괜히 섣불리 도전했다가 인생이 막장으로 갈 수도 있다. 도전하는 것이 젊음이라고 하지만 이건 현재 한국사회의 구조로 보면 개소리에 가깝다.

　고려대학교 장하성 교수의 《왜 분노해야 하는가》란 책에도 그 이유가 잘 나와 있다. "고용에 불과 4%만 기여하는 100대 기업이 전체 이익의 60%를 가져가는 현 구조는 어떤 합리적 경제이론으로도 설명이 불가하다."라고 대기업 중심 경제구조인 한국경제토

양을 비판하였다.

대한민국 전체기업수익의 60%를 100대 그룹이 가져가고 나머지 40%를 가지고 그 외의 기업들이 나눠 먹기 위해 혈투를 벌이고 있는 것이다. 이 40%를 나눠 먹기 위해서 달려드는 기업 중에는 대기업도 있을 것이고 탄탄한 중견기업도 있을 것이다. 중소기업은 여기서도 소외되어 있다. 당신이 창업하면 먹이사슬 제일 아래 단계다.

미국 100대 부자 중 78명이 창업자다. 한국은 100명 중 84명이 상속 부자다. 미국처럼 잔인한 시장경제에서도, 자본주의, 신자유주의를 가장 열심히 신봉한 미국에서도 새로운 창업자들이 계속 성공신화를 만드는데 한국은 그게 힘들다. 그러니까 금수저 흙수저 이런 이야기가 나오는 거다. 당대 부자, 자수성가한 사람을 키우지 못하는 게 현 한국사회의 구조다.

이렇게 대기업 중심 경제구조인 척박한 창업토양인 한국에서 중소기업을 창업하겠다는 생각은 노숙자로 직행하는 급행열차다.

계란으로 바위를 치는 것은 도전이 아니라 무모한 짓이다.

그럼 사업은 위험하니까 내 장사를 하겠다. 차라리 사업이 낫다. 당신이 퇴직하고 회사라는 보호막에서 벗어나 장사를 한다고 사회로 나가는 순간 약육강식의 정글에 들어갔다고 생각하면 된다. 그것도 정글의 사자무리 속에 홀로 떨어진 새끼 사슴이라고 생각하면 된다.

자영업을 한다고 보았을 때 당신의 목숨과 같은 종잣돈을 노리는 사람들이 줄 서 있다고 보면 된다. 수수료를 노리고 각종 감언이설로 창업 희망자들을 현혹시키는 컨설팅 업체, 가맹비 받고 나면 통화하기 힘든 프랜차이즈 업체, 중간에서 권리금 장사하는 부동산, 1년 단위로 50%씩 월세 올리는 악덕 건물주, 수도 없다. 칼만 안 들었지 강도에 가깝다.

전 세계에서 인구대비 사기범죄 기소 건수가 제일 많은 나라가 어딘지 아는가? 바로 대한민국이다. 사기가 가장 많은 국가라는 건데 얼마나 많냐 하면 가까운 일본의 30배이다. 3배도 아이고 30배. 하루에 평균 630건의 사기 사건이 대한민국에서 발생하고 있다. 사기, 횡령 이런 경제 관련 범죄는 우리나라가 전 세계에서 압도적으로 1위이다. 당신이 회사 밖으로 나가는 순간 이 사람들이 당신을 아주 반갑게 맞이해 줄 거다. 확실히 장담할 수 있다.

그리고 무엇보다 중요한 것은 자영업을 하기에는 우리나라 자영업자 비율이 너무 높다. 자영업자 비율이 OECD 평균은 15%인데 우리나라 자영업자 비율이 30% 가까이 된다. 쉽게 말해서 다른 나라보다 경쟁이 2배 심하다는 것이다. 언론에서는 대기업이 골목상권까지 탐낸다고 비판하지만 이건 현실을 잘 모르고 하는 이야기이다. 실제로 자영업자분들을 조사해 보면 대기업 체인과 경쟁 관계에 있다고 응답한 자영업자는 15%밖에 되지 않았다. 85%가 같은 자영업자와 경쟁 관계에 있다고 한다. 자영업자 수가 과도하게 많아서 같은 자영업자끼리 치열하게 경쟁하고 있다는 것이다.

모두가 한 번쯤은 꿈꾸는 예쁜 카페를 창업하신 분 기사를 본 적이 있다. 노동시간이 살인적이다. 아침 9시에 가게 문을 열어 저녁 11시 문을 닫고 정리까지 하면 하루 15시간 이상 일한다고 한다. 과장 달고 한 달에 400만~500만 원의 월급을 받았는데 지금은 200만 원 집에 가져가기도 힘들단다. 시급으로 따지면 최저임금보다 낮은 4,500원 정도 되는 것이다. 15시간 노동하고 시간당

4,500원 번다. 이것이 회사 밖에서 벌어지고 있는 현실이다.

우리나라 전체 자영업자 절반이 한 달에 100만 원도 못 번다. 많이 버는데 탈세하는 거라고?

그러니까 당신이 세상 물정 모른다는 거다. 진짜로 못 버는 거 맞다. 자영업자 절반 이상은 문을 연 지 3년 안에 폐업한다. 탈세까지 해서 많이 버는데 3년 안에 폐업하나? 자영업자 최종 생존율은 16%이다. 밖은 지옥 맞다.

내가 이렇게 사업이나 자영업의 희박한 성공 가능성에 대해서 이야기해도 꼭 이런 생각하는 사람들 있다. "그래 다들 힘든 거 아는데 나는 남들과 달라. 난 나만의 방법이 있으니까 밖에 나가서도 성공할 거야." 남들도 똑같이 생각한다. 이런 사람들에게는 영국의 로또 광고 문구를 알려주고 싶다. 영국의 로또 광고 문구는 "이번 주 행운은 당신의 것입니다." 이렇게 광고한다.

그런데 복권중독을 방지하기 위한 공익광고에는 좀 다르게 광고한다.

"이번 주에도 행운의 당첨자가 나오겠지만 당신은 아닐 겁니다." 이렇게 광고한다.

현재 한국 사회에서는 급여소득자가 경제적으로 가장 안정적인 포지션이다.

앞으로는 더 심해질 거다. 코로나19와 같은 펜데믹은 마지막이 아니라 이제 시작이다.

왜냐하면 인간의 무차별적인 난개발로 인해 인간과 동물의 사회적 거리가 무너졌기 때문이다. 주기적으로 코로나19와 같은 엄청난 규모의 펜데믹이 올 것이고 그때마다 경제는 휘청일 것이다. 그때 당신이 사업을 하고 있다면? 장사를 하고 있다면? 인생 한 방에 훅 가는 거다. 한 번뿐인 인생, 행복하게 살아도 짧은 시간인데 빚 갚으면서 인생 다 보낼 건가?

직장인이 가장 안정적인 경제 활동 계층이다. 앞으로 절대 변하지 않을 것이다. 우리 진짜 명심하자. 진심으로 하는 이야기이다.

세상은 비판적으로

삶은 긍정적으로

긍정적인 태도의 효과

'업무를 바라보는 태도를 바꿈으로써 행복과 성공을 얻을 수 있을까?' 내 대답은 "그렇다."이다. 누구나 똑같이 24시간을 살아가지만 긍정적인 태도로 자신의 근무시간을 바라보는 사람들은 업무 효율성을 높이고 최고의 성과를 이끌어 낸다.

좀 더 구체적으로 확인해 보자. 먼저 억지로 앉아 있어야 하는 지루한 회의 시간을 한번 떠올려 보자. 아마 모두들 그 느낌이 뭔지 알 것이다. 직장인들은 회의가 시작되고 3분 만에 그 회의가 얼마나 흥미로울지, 자신의 업무와 얼마나 관련이 있는지 판단을 내린다. 일단 쓸모없는 회의라고 결론을 내리면 그 사람에게 회의 시간은 낭비에 불과하다. 억지로 자리를 지키면서 버티는 동안 업무 효율성과 열정은 급속도로 떨어질 것이다.

하지만 태도를 바꾸어 회의에서 단 하나라도 새로운 정보를 얻어내겠다고 마음먹는다면 어떨까? 또는 회의 시간에 새로운 목표를 발견하고자 노력한다면? 그리고 사람들의 말 속에서 뭔가 배울 점을 찾아낼 수 있다고 생각한다면 어떨까? 긍정적인 태도를 가져보는 것이다. 수많은 직장생활 성공과 관련된 코칭들이 있지만 사실 직장생활에서 긍정적인 태도만 가져도 당신은 직장생활에서 성공할 수 있다고 장담한다.

"

세상은 비판적으로 삶은 긍정적으로

예전에 재미있게 보았던 할리우드 영화 중에서 짐 캐리 주연의 〈예스맨〉이란 영화가 있다.

영화는 짐 캐리가 모든 일에 '노(No)'를 외치는 불평불만이 가득한 은행대출담당 직원으로 나오면서 시작한다. 매사 부정적인 자세로 살고 있는 짐 캐리는 모든 것이 귀찮기만 하다. 일에도 의욕이 전혀 없다. 그래서 더욱 그는 직장생활에서도 연신 버릇처럼 "노"를 입에 달고 다닌다. "아무리 해도 소용없을 거예요." "그런 아이템으로 성공할 수 있겠어요?" 이같이 독설도 서슴지 않고 내뱉으며 부정적인 자세로 업무를 일관한다.

당연히 대출심사결과는 늘 '노'이고 업무성과는 형편없다. 동료들은 잘나가는 지점장인데 짐 캐리는 언제나 말단직 평사원이다. 매사 부정적으로 회사에서 일하고 쉬는 날에 그저 집에서 TV나 보는 것을 유일한 낙으로 삼으며 무기력하게 살아간다.

영화는 그러던 어느 날 친구의 권유로 〈인생 역전 자립 프로그램〉이라는 프로그램에 가입하면서 사건이 벌어지기 시작한다. 모든 일에 '예스(Yes)'를 외치기로 맹세한 것. 짐 캐리는 단순히 말한마디 바꾸는 것뿐이라고 대수롭지 않게 생각한다. 그래서 번지점프, 모터사이클 타기, 경비행기 조종하기, 노숙자 봉사활동 하기, 콘서트 관람하기, 남의 인생에 간섭하기, 온라인으로 데이트 상대 정하기, 한국어 수업 듣기 등 지금까지 생각도 하지 않은 일들에 모두 "예스"라고 대답하기 시작한다. 그러자 마법 같은 변화가 일어난다. 지루하고 재미없던 일상이 너무도 유쾌하고 재미있게 바뀐 것이다. 게다가 사랑하는 여인이 생기고 직장에서도 달라지기 시작한다. 남들은 마다하는 토요일 근무에 선뜻 "예스"를 외치며 자원해 상사의 눈도장을 받는다. 대출 심사에서도 흔쾌히 "오케이" 도장을 찍어주었는데 돈을 빌려준 고객이 연체하지 않고 이자와 원금을 잘 갚아나가니 실적도 쌓인다. 결국 본사의 임원으로까지 승진한다. '예스'라는 말 한마디로 패배주의자 짐 캐리가 열정 넘치는 사람으로 변모한 것이다.

영화에서처럼 매사에 열정적으로 "예스"를 외치는 것만으로도 인생이 바꿀 수 있을까? 실제로 이 영화의 원작을 쓴 데니 월레스는 연인과의 결별 이후 '노 맨'으로 불릴 정도로 삶에 부정적이었다고 한다.

그러던 어느 날 심야 버스에서 만난 정체불명의 남자로부터 "더 자주 예스라고 말해보세요."란 말을 듣고 6개월 동안 무조건 "예스"만 하고 살기로 결심했다고 한다. 누가 보자는 말과 돈을 쓰는 일, 어떤 제안에도 오로지 대답은 "예스" 심지어는 "자동차에 관심 있느냐."는 말에도 "예스"하고 바로 자동차를 구입했다고 한다. 그의 삶은 어떻게 변했을까. 데니는 "엉뚱하기 그지없는 생활이지만 이전보다 훨씬 신나고 즐거웠다."라고 말한다.

게다가 "예스"만 외친 6개월간의 기록으로 베스트셀러 작가가 되고 흥행영화의 원작자로도 이름을 날렸으니 영화 속 짐 캐리 못지않은 행복을 찾은 셈이다. 이런 변화는 데니 웰리스만이 아니다. 영화에 주인공으로 출현한 짐 캐리 또한 언론과의 인터뷰에서 "삶에서 '예스'라고 해서 후회했던 적보다 '노'라고 해서 후회한 적이 더 많았다."라며 "'노'라고 말하면 아무 일도 생기지 않는다."라고 강조하기도 했다.

우리 직장생활도 마찬가지이다. 불평주의자를 위해 일하려는 사람은 없다. 늘 인상을 찌푸리며 "진짜 죽을 맛이군." 이런 표정으로 일하는 주변까지 우울하게 만든다.

별다른 일을 하지 않았어도 그런 사람 옆에 있으면 짜증 나고 지친다. 그래서 될 일도 되지 않는 경우가 허다하다. 그러나 상황이 아무리 어려워도 긍정적으로 "예스"를 외치는 사람에게는 사람이 모인다.

이런 긍정적인 마인드가 주변 사람들에게 할 수 있다는 자신감과 이미 대책이 마련돼 있다는 신뢰를 북돋아 불가능한 일도 가능하게 만들어 주기도 한다. 성공을 몰고 다니는 셈이다.

IFAK 지표에 따르면, 항상 긍정적으로 밝은 기분으로 일하는 직원들은 다른 직원들에 비해 좋은 아이디어를 17.5% 더 많이 제시하는 것으로 나타났다. 반면 저기압 상태에서 일하는 직원들은 8.4% 더 적었다. 또한 의욕적으로 일하는 직원들은 결근일수가 평균 4.3일인 데 비해, 무기력하게 일하는 직원들은 10일이나 됐다.

뉴욕 코넬대학의 심리학과 교수인 앨리스 아이센의 연구에서도 항상 긍정적이고 기분 좋게 일하는 사람은 업무 스트레스를 더 잘 견디고 만족스러워하는 것으로 나타났다. 이들은 사내에서 더 인기가 있고, 상사들에게 더 좋은 점수를 받고, 승진도 더 빠르다고 한다.

갈수록 삶이 팍팍해진다고 불평하는 사람들이 많다. 언론을 통해 들려오는 소식이라곤 감원, 해고, 부도 등 섬뜩한 단어들밖에 없으니 한편으로는 이런 불평이 이해가 되기도 한다. 하지만 자신의 불평을 한껏 드러내며 "노"를 외친다고 삶이 좋아질까?

"진짜 죽을 맛이야. 직장생활 완전 짜증 나." 이런 생각으로 가득 차 있는 사람들은 영화 속 짐 캐리처럼 눈 한번 딱 감고 앞으로 "예스"를 외쳐보겠다고 결심해 보면 어떨까. 장담하건대 당신의 긍정에너지가 당신의 삶을 좀 더 충만하게 해줄 것이다.

조직생활은 이렇게 긍정적인 자세로 하는 것이 정답이다. 삐딱하게 불만스럽게 하지 마라. 긍정적인 마인드를 갖고 즐겁게 직장생활을 하면 긍정에너지가 당신 인생을 바꿀 것이다.

직장생활이건 타인에 대한 시각이건 자신의 삶이건 매사 부정적이고 비판적인 시각으로 보는 사람들이 있다. 이런 사람들에게 이런 이야기를 해주고 싶다.

"세상은 비판적으로 삶은 긍정적으로."

나는 왜 일을 하는가?

먼저 질문을 하나 하겠다. 당신은 당신에게 자유가 있다고 생각하는가? 뭔 뚱딴지같은 소리 하냐고? 여기는 자유대한민국인데? 그렇다. 당신은 자유가 있다. 가고 싶은 곳이 있으면 언제든 갈 수 있고, 먹고 싶은 거 있으면 먹을 수 있고, 회사 그만두고 싶으면 그만둘 수 있다. 우리는 개인의 자유가 보장된 나라에서 살고 있으니까.

그러면 질문을 하나 더 하겠다. 당신이 어렸을 때 장래희망이 뭐였나? 어렸을 때 장래희망과 현재가 정확히 일치하는가?

아닐 것이다. 살다 보니 어찌어찌 하다가 여기까지 왔을 것이고 지금 이 회사에 다니고 있는 것이다. 우리 대부분이 그렇다. 우리가 택한 길은 주로 우연히 접어든 경우가 많다. 지금 당신이 지금 다니고 있는 회사에서 일하고 있는 것이 뭔가 잘못되었다는 이야기가 아니다. 다만 당신이 의도한 건 아니었다는 것이다. 우리는 아주 열심히, 바쁘게 산다. 새벽같이 출근해서 밤늦게 퇴근하고. 근데 살림살이 어떤가? 어느 정치인의 구호처럼 "살림살이 좀 나아지셨습니까?" 그렇지 않을 것이다. 바쁘고 분주한데 돈은 항상 부족하지 않은가? 당신은 어렸을 때 이렇게 항상 돈이 부족한 삶을 꿈꾸었나?

"어렸을 때 꿈꾸던 인생은 이게 아니었는데, 이렇게 사는 게 맞는 건가?"

미셸 푸코는 우리가 원하지 않는 삶을 살아가는 이유가 "그렇게 살아가도록 조건 지어졌기 때문"이라고 말한다.

요즘 말로 "그렇게 살아가도록 프로그램되었기 때문이다."라는 것이다. 미셸 푸코에 의하면 "지금의 나는 역사적으로 구성된 것이고 나의 의지와는 관계없이 현재의 모습처럼 살아가도록 역사적으로 만들어졌다."라고 현재의 우리를 정의한다.

영화 〈매트릭스〉 기억하는가? 거대한 컴퓨터가 가상의 세계를 만들어서 거기서 사람들은 그것이 현실인 줄 알고 살고 있다. 가상세계 안에 각 사람들은 본인이 자유롭다고 생각하고 살아가고 있지만 사실은 거대한 컴퓨터가 만든 가상세계에 살고 있다는 내용이다. 우리 삶도 마찬가지이다.

우리가 가상세계에 살고 있다는 것이 아니라 우리는 우리 자신의 의지대로 자유롭게 살아가는 것 같지만, 사실은 누군가가 만들어 놓은 거대한 규칙에 복종하며 살아가고 있다는 것이다. 그 규칙이 뭘까? 바로 '돈'이다. 우리가 받아들인 자본주의에서는 모든 경제적 가치를 돈으로 환원시켰기 때문에 돈은 최고의 규칙이 된 것이다.

"인생에서 돈은 중요하지 않다." 이런 개소리 하려는 게 아니다, 돈 중요하다. "돈이 안 중요하다." 이런 얘기를 꺼내려는 것이 아니라 이건 알자는 것이다. 왜 우리는 열심히 사는데도 내가 원하는 삶을 살기가 힘들고 내 삶이 나아지지 않는가에 대한 이유 말이다. 그것은 누군가가 만들어 놓은 "돈"이라는 거대한 규칙 속에서 우리가 복종하며 살고 있기 때문이다.

우리는 우리도 모르는 사이에 남들이 만들어 놓은 돈이라는 규칙에 따라 살고 있기 때문에 어렸을 때 지금 이 모습을 꿈꾼 것은 아니었지만 살다 보니까 지금 이 모습으로 살고 있는 것이다.

열심히 사는데도 삶은 늘 힘겹고, 행복을 느끼기가 어렵다. 대부분의 사람들은 남이 만든 규칙에 따라 살고 있다는 사실 자체를 인식조차 하지 못하고 살아간다. 본인은 자유롭다고 생각하면서. 당신도 좀 전까지 그렇게 생각하고 있지 않았나? 삶이 힘들 때마다 사람들은 보통 이렇게 이야기한다. 시니컬하게 '인생은 원래 그런 거야.'라고 하면서 자신의 삶에서 벌어지는 불행, 불만족을 참고 받아들인다. 이걸 문학적인 사람들은 삶의 굴레라고 한다.

그렇다면 우리는 어떻게 해야 될까? 어떻게 하면 내가 원하는 삶을 살고 행복할 수 있을까? 철학자들은 삶의 규칙을 스스로 만들면 된다고 한다. 그렇게 되면 우리는 원하는 삶을 살 수 있고 행복해질 수도 있다고 말한다. 그런데 우리 직장인들이 스스로 삶의 규칙을 만드는 일은 쉬울까?

쉽지 않다. 우리 직장인들은 타인과의 관계와 회사의 규범 속에 있기 때문에 자신만의 삶의 규칙을 세우기 어렵다. 그럼에도 불구하고 직장인들에게는 자신의 일과 삶에 대한 철학이 필요하다. 내가 하고 있는 일의 본질에 대해서 이해하고 내 삶의 큰 흐름을 통찰할 수만 있어도 우리의 삶은 훨씬 더 풍요로워지고 행복해지기 때문이다.

"내가 일하는 이유는 무엇인가?" 기업에 강의 나가서 질문을 던져보면 가장 많이 나오는 대답이 "먹고살기 위해서." "돈 벌기 위해서."이다. 근데 과연 그게 다일까? 다른 이유는 없을까? 물론 먹고살기 위해서, 돈 벌려고 일하는 건 맞다. 만약 회사에서 돈을 안 주면 회사 안 다닐 것 아닌가? 하지만 단지 먹고살기 위해서만이라면 명백한 오답이다.

왜냐하면 단순히 먹고살기만을 위해 일하면 우리 삶은 너무 힘들어지고 지속 가능한 삶이 어려워질 수도 있기 때문이다. 예를 들어 집에 개를 키운다고 가정을 해보자.

집 안에서 개의 행동패턴을 유심히 한번 살펴보라. 먹을 것을 찾기도 하고, 장난을 치기도 하고, 주인과 놀아달라고 조르기도 하고, 밖에서 나가서 산책도 하고 싶어 한다. 낯선 사람이 오면 자신이 개라는 것을 갑자기 자각하면서 심하게 경계하기도 한다.

이런 평범한 개가 살고 있었는데, 그런데 어느 날 갑자기 주인이 이러는 거다. "넌 이제부터 다른 행동을 하면 안 된다. 장난도 치면 안 되고, 노는 것도 안 되고, 공원 산책도 안 된다. 너의 임무(업무)는 집을 지키는 것이니 잠자는 시간 빼고는 집만 지켜야 한다. 대신 일을 했으니 먹을 것은 준다." 이러면 집에서 키우는 개는 한 달도 안 돼서 우울증에 걸릴 것이다. 개가 이런 생각을 하는 거다. "내가 왜 사는 거지? 그냥 집 지키려고 사는 건가?"

집에서 키우는 개도 이런데, 우리 인간이 먹고살기만을 위해 일한다면 삶이 어떻게 될까? 먹기 위해서 일하고, 일하기 위해서 쉬고, 삶이 힘겹고 무의미하게 느껴질 것이다. 지속 가능한 삶이 위협받을 수 있고 직장생활이 너무 힘들게 느껴지게 된다.

우리가 직장생활을 힘들어하는 이유가 여기에 있다. 오직 먹고살기 위해서, 돈을 벌기 위해서만 일하기 때문이다. 우리가 일하는 데는 다양한 이유가 있을 수 있다. 내가 일하는 이유에 대해서 명확하게 개념을 잡고 있고, 스스로 생각의 중심을 잡고 있어야 직장생활에 활력이 생기면서 일도 더 잘할 수 있고, 지금보다 즐겁고 편안하게 회사를 다닐 수 있는 것이다.

내가 일하는 이유는 요한 하위징아의 철학을 통해 통찰을 해보았다. 사실 우리가 직장생활 하면서 하는 고민들은 인문학, 특히 철학으로 명쾌하게 정리하고 해결할 수 있다.

　　비트겐슈타인이라는 철학자가 철학에 대해서 이렇게 이야기했다. "철학이란 파리통에 빠진 파리에게 파리통에서 빠져나오는 방법을 알려주는 것"이라고. 고민이 많은 대한민국 직장인들에게 시사하는 바가 아주 크다고 생각한다.

　　"나는 왜 일을 하는가?"

참고서적

《호모 루덴스》, 요한 하위징아

《호모 루덴스, 놀이하는 인간을 꿈꾸다, 노명우

《에티카》, 스피노자

《스피노자와 근대의 탄생》, 스티븐 내들러

《스피노자의 철학》, 질 들뢰즈

《욕망이론》, 자크 라캉

《자크 라캉 세미나 1》, 자크 라캉

《푸코, 바르트, 레비스트로스, 라캉 쉽게 읽기》, 우치다 타츠루

《철학이 필요한 시간》, 강신주

《30일 인문학》, 이호건

《프로이트의 의자》, 정도언

《행복의 특권》, 숀 아처

《나는 왜 이 일을 하는가》, 사이먼 사이넥

《트라우마 한국사회》, 김태형

《직장인을 위한 마음사용설명서》, 이현주

《노는 만큼 성공한다》, 김정운

《보이지 않는 고릴라》, 크리스토퍼 차브리스, 대니얼 사이먼스

《무엇이 당신을 일하게 만드는가》, 최명기

《강신주의 다상담》, 강신주

《오늘 내게 인생을 묻다》, 강북삼성병원, 삼성스포츠단

《직장인 고민, 답은 이미 나와 있다》, 니시우치 히로무

《직장인 심리학》, 마르틴 베를레

《한국인의 심리코드》, 황상민

《스마트한 생각들》, 롤프 도벨리

《심리학, 자존감을 부탁해》, 슈테파니 슈탈

《아들러 심리학 입문》, 알프레드 아들러

《마틴 셀리그만의 긍정심리학》, 마틴 셀리그만

《마음을 변화시키는 긍정의 심리학》, 앨버트 엘리스, 로버트A. 하퍼

《내 안의 긍정을 춤추게 하라》, 바버라 프레드릭슨

《행복이란 무엇인가》, 탈 벤 샤하르, 왕옌밍

《하버드대 52주 행복연습》, 탈 벤 샤하르

《행복을 철학하다》, 프레데릭 르누아르

《하버드 행동심리학 강의》, 웨이슈잉

《심리학 좀 아는 사람》, 대니얼 프리먼, 제이슨 프리먼

《철학의 위안》, 알랭 드 보통

《철학의 위안(De consolatione philosophiae)》, 보에티우스

나는 **왜**
일을 하는가?

초판 1쇄 발행 2024. 6. 24.

지은이 서기원
펴낸이 김병호
펴낸곳 주식회사 바른북스

편집진행 황금주
디자인 배연수
일러스트 멍주

등록 2019년 4월 3일 제2019-000040호
주소 서울시 성동구 연무장5길 9-16, 301호 (성수동2가, 블루스톤타워)
대표전화 070-7857-9719 | **경영지원** 02-3409-9719 | **팩스** 070-7610-9820

•바른북스는 여러분의 다양한 아이디어와 원고 투고를 설레는 마음으로 기다리고 있습니다.

이메일 barunbooks21@naver.com | **원고투고** barunbooks21@naver.com
홈페이지 www.barunbooks.com | **공식 블로그** blog.naver.com/barunbooks7
공식 포스트 post.naver.com/barunbooks7 | **페이스북** facebook.com/barunbooks7

ⓒ 서기원, 2024
ISBN 979-11-7263-036-2 03190

•파본이나 잘못된 책은 구입하신 곳에서 교환해드립니다.
•이 책은 저작권법에 따라 보호를 받는 저작물이므로 무단전재 및 복제를 금지하며,
이 책 내용의 전부 및 일부를 이용하려면 반드시 저작권자와 도서출판 바른북스의 서면동의를 받아야 합니다.